Ute Scheffler

Ran ans Eingemachte!

Süßes & Pikantes aus dem Glas

ORIGAN

Ute Scheffler

Ran ans Eingemachte!

Süßes & Pikantes aus dem Glas

BuchVerlag
für die Frau

Einweck- und Twist-Off-Gläser gibt es in vielen Formen und Größen. Die angegebenen Mengen – Anzahl der Gläser 6 à ml-Inhalt – sind als Richtwerte zu verstehen. Entscheiden Sie selbst, ob Sie mehrere kleine oder einige große Gläser/Portionen bevorzugen bzw. benötigen. Die Anzahl der benötigten Gläser ist auch davon abhängig, wie groß oder klein sie die Zutaten schneiden und wie stark Sie alles einköcheln lassen. Am besten bereiten Sie einfach immer einige Gläser mehr vor.

ISBN 978-3-89798-481-3

Fotos: Archiv des Verlages, fotolia
Umschlag, Innenlayout, dtp-Satz: makena Plangrafik, Leipzig
Druck und buchbinderische Verarbeitung: Print Consult GmbH, München

www.buchverlag-fuer-die-frau.de

Inhalt

Millionen Großmütter können nicht irren

Vorwort

Für unsere Urgroß- und Großmütter gehörte Einkochen in der Sommer- und Herbstzeit noch zum Alltag. Frisches Obst und Gemüse wurden so für den Winter haltbar gemacht. Ein gewisser Johann Weck hatte vor inzwischen mehr als 100 Jahren die Idee, Lebensmittel zu erhitzen und in luftdicht verschließbaren Gläsern aufzubewahren. Genau: Daher das schöne deutsche Wort **einwecken** und das **Einweckglas**.

In unserer modernen Zeit, in der man Alles und Jedes zu wirklich jeder Jahreszeit im Supermarkt kaufen oder im Internet bestellen kann, gibt es genau genommen keinen zwingenden Grund, weiterhin einzukochen. Aber wer einen Garten besitzt oder gepachtet hat, vielleicht auch Verwandte oder Nachbarn mit einem Hang zum individuellen Nahrungsmittel- anbau kennt, weiß Geschichten über Geschichten von unplanbaren Obst- und Gemüseschwemmen zu erzählen. Wohin mit all den Aprikosen, Erdbeeren, Pfirsichen? Was anfangen mit der Überfülle an Buschbohnen und Tomaten, den riesigen Kürbissen und den wohlgeratenen Zucchini? Und auch all jene, die nicht selbst gärtnern, mögen auf den Geschmack einer selbst gemachten Erdbeermarmelade nur ungern verzichten.

Doch nicht nur aus diesem Grund hat das Einkochen nach wie vor Hochkonjunktur. Im Gegensatz zu den industriell gefertigten Konserven kann man die Geschmacksrichtungen selbst bestimmen und immer neue Varianten erproben. Glücklicherweise sind wir auch nicht mehr gezwungen, Stunde um Stunde am heißen Herd zu stehen und Energie wie Zeit in Mengen zu verbrauchen. Zum klassischen **Einwecken** früherer Zeiten hat sich Dank der praktischen Twist-Off-Gläser das **Einmachen** gesellt. Das beherrschen auch Einsteiger schnell und problemlos und es erfordert weniger Utensilien und Zeit. Dass die Ergebnisse nicht ganz so lange haltbar sind wie die des Einkochens, lässt sich leicht verschmerzen – wir heben kaum eines der Gläser über Jahre auf. Ohnehin locken die Genüsse meist zum zeitnahen Verbrauch.

Das ist auch völlig in Ordnung. Schließlich geht es uns nicht vorrangig darum, lange haltbare Vorräte anzulegen. Viel mehr sind wir daran interessiert, die optimale Qualität frischer, vor allem regionaler Zutaten während der Saison auszunutzen. Gleichzeitig machen wir uns den Effekt zunutze, dass viele Gemüse- und Obstsorten durch das Konservieren eine andere Konsistenz und einen speziellen Geschmack entwickeln, was unseren Speiseplan interessanter macht. Denn, Hand aufs Herz, wo gibt es schon pikant eingelegtes Gartengemüse oder Blutorangenkonfitüre mit grünem Pfeffer zu kaufen? Wo kann man Estragon-Chutney oder Sandwich-Pickles erwerben? Wer kennt einen Produzenten von Basilikum-Parmesan-Salz oder Knoblauch-Chili-Kürbis?

Da muss man schon gar nicht mehr damit werben, dass gewisse Vorräte im Schrank Basis für viele schnelle und dennoch abwechslungsreiche Mahlzeiten sind.

Außerdem lassen sich die selbst kreierten und haltbar gemachten Genüsse – hübsch verpackt – auch wunderbar verschenken. Alles in allem mehr als genügend Gründe, diese gute alte Methode des Konservierens neu zu beleben und ein wenig Zeit und Mühe zu investieren.

Einfach rein in den Topf

Sterilisieren · Pasteurisieren · Einlegen

Einkochen, einmachen, einwecken – sind das nicht einfach nur verschiedene Begriffe für die gleiche Sache? So scheint es, aber das stimmt nicht.

Beim Einkochen (Einwecken) werden die Lebensmittel sterilisiert, beim Einmachen pasteurisiert. Mir doch egal, werden Sie jetzt denken, Hauptsache meine leckere Marmelade und das knackige Gemüse sind auch für das Weihnachtsessen noch frisch. Ganz Unrecht haben Sie damit ja auch nicht. **Aber zwischen Einkochen und Einmachen gibt es Unterschiede, die man kennen und beachten sollte:**

Für das **Einkochen** (Sterilisieren) werden die Zutaten direkt ins Glas gegeben und dann bei 75 °C bis 100 °C in geschlossenen Gläsern erhitzt. Durch die Hitze entsteht ein Überdruck, wenn sich die Luft und der Wasserdampf im Glas ausdehnen. Beim Abkühlen bildet sich dann ein Vakuum, das den Deckel des Glases luftdicht verschließt und Keimen den Zutritt verwehrt. Die Nährstoffe der Lebensmittel bleiben beim Einkochen weitestgehend erhalten. Beim Vitamin-C-Gehalt und beim Beta-Carotin sind Verluste allerdings unvermeidlich.
Einplanen muss man jedoch, dass das Einkochen Geduld und Genauigkeit erfordert. Die wichtigsten Utensilien für das klassische Einkochen sind: ein großer Topf, Einweck-Gläser und ein Kochthermometer.

Beim **Einmachen** (Pasteurisieren) werden alle Zutaten zunächst gekocht und heiß in saubere Gläser gefüllt. Diese dreht man nach dem Verschließen sofort auf den Kopf, damit ein Vakuum im Inneren entsteht. Als wichtigstes Utensil für das Einmachen braucht man Twist-Off-Gläser, also Gläser mit Schraubverschluss. Auch diese müssen gründlich gesäubert werden, zudem sollten die Gläser vor dem Befüllen noch einmal heiß ausgespült werden, damit sie nicht platzen oder springen. Eine gute Lösung ist auch, sie auf ein feuchtes Tuch zu stellen. Lassen Sie beim Befüllen einen kleinen Rand und arbeiten Sie zügig. Es ist wichtig, dass das Einmachgut heiß ist und die Gläser schnell verschraubt werden und dann einige Minuten kopfüber ruhen. Danach die Gläser umdrehen und – wie beim klassischen Einkochen – mit einem Küchenhandtuch bedeckt langsam abkühlen lassen. Dabei zieht sich der Deckel leicht nach innen. Später beim Öffnen der Gläser hört man das typische **Plopp**.

Eingekocht werden kann auch im Backofen. Die Arbeitsschritte sind identisch: Gläser, Gummiringe und Klammern säubern, Obst und Gemüse vorbereiten, alles in die Gläser füllen. Für das Einkochen im Ofen dann die Fettpfanne mit Wasser füllen, auf die unterste Schiene schieben und die gefüllten und geschlossenen Gläser mit Abstand zueinander in die Fettpfanne stellen. Obst im Ofen bei 150 °C bis 160 °C einkochen, Gemüse bei 190 °C bis 200 °C. Die Gläser danach eine halbe Stunde im Ofen stehen und anschließend zugedeckt langsam abkühlen lassen.

Obst und Gemüse können auch ohne das aufwändige Kochen haltbar gemacht und in Gläsern bzw. Tongefäßen mehrere Monate aufbewahrt werden. Die Rede ist vom **Einlegen**. Essig, Öl und Alkohol sind hier die allseits bekannten Klassiker. Essig eignet sich besonders für frisches Gemüse. Dieses sollte vorher gesalzen werden und einige Stunden ruhen, um das Wasser zu entziehen. Beliebt sind Gurken und Bohnen, aber auch Kürbisse und Gartengemüse bekommen durch den Würzsud erst den richtigen Kick und perfekten Geschmack.

Daneben wird das Einlegen in Öl immer beliebter: getrocknete Tomaten, Zucchini oder auch Schafskäse kommen zusammen mit Öl in ein Glas und versprechen mediterrane Genüsse. Essig bzw. Öl verhindern die Entstehung von schädlichen Mikroorganismen. Was selbstverständlich auch sehr gut mit Alkohol funktioniert, der allerdings hochprozentig sein muss und nicht nur Rumfrüchte haltbar und unwiderstehlich macht.

Damit sich der Geschmack des Eingelegten voll entfaltet, sollten Sie mindestens zwei Wochen warten, bevor Sie eine erste Kostprobe wagen. Geöffnete Gläser sind im Kühlschrank etwa zwei Wochen haltbar. Dabei muss die Essig-Lösung das Eingelegte jedoch immer vollständig bedecken. Der Zusatz von Zucker und Salz erhöht die Haltbarkeit.

Einkochen ▶ Schritt für Schritt

1. Die Gläser müssen absolut sauber sein! Daher Gläser, die Deckel, Gummiringe und alles andere, das Sie verwenden, heiß spülen. Am besten in einem Topf mit Wasser (ohne Spülmittel!) sprudelnd aufkochen. Eventuell einen Schuss Essig zugeben.

2. Obst oder Gemüse putzen. Achten Sie auf Frische, gute Qualität und einwandfreien Zustand. **Tipp:** Obst und Gemüse erst putzen, dann wiegen – sonst stimmen die Mengenangaben in den Rezepten nicht mehr.

3. Zutaten in das saubere Einweckglas geben. Die Gläser verschließen und in den Topf stellen, ohne dass sie sich berühren. **Tipp:** Legen Sie ein Geschirrtuch auf den Topfboden, damit die Gläser Halt finden und nicht verrutschen. Es gibt auch spezielle Einsätze zu kaufen, in die Sie die Gläser stellen können.

4. So viel Wasser in den Topf füllen, dass die Gläser etwa zu drei Viertel im Wasser stehen – das Einmachgut muss komplett von Wasser umgeben sein. Das Einkochen dauert – je nach Einmachgut – zwischen 10 Minuten und zwei Stunden. Das Wasser wird beim Einkochen langsam auf 75 °C bis 100 °C erhitzt. Nutzen Sie ein Kochthermometer.

5. Lassen Sie die Gläser nach dem Einkochen für mindestens 10 Minuten im heißen Wasser stehen. Erst dann aus dem Topf nehmen und mit einem Küchentuch abdecken. So kühlen die Gläser langsam ab und das Vakuum kann sich bilden.

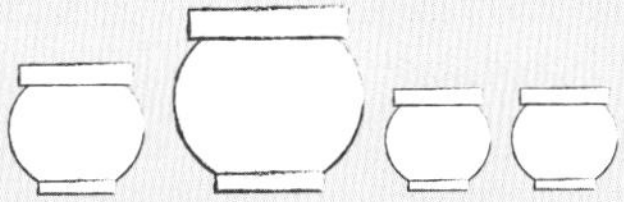

Einlegen in Essig ▶ Schritt für Schritt

1. Gemüse kann auf zwei Arten sauer eingelegt werden: Es kann roh eingesalzen und entwässert oder zuerst gegart und dann mit Essigsud übergossen und verschlossen werden.

2. Zum Haltbarmachen in einer Essig-Lösung eignet sich besonders hochwertiger Wein- und Obstessig, aber auch Apfelessig. Die Säure macht das eingelegte Gemüse haltbar, deshalb ist es wichtig, die genauen Angaben in den Rezepten zu befolgen und die Essigmenge nicht zu verringern.

Einlegen in Öl ▶ Schritt für Schritt

Vollständig mit Öl bedeckt, bleiben Gemüse und Pilze bis zu vier Monate haltbar. Sie sollten vorher gekocht, gebraten oder gedörrt werden.

1. Größere Mengen schichtweise mit Öl übergießen, also eine Schicht Gemüse, eine Schicht Öl, eine Schicht Gemüse und immer so weiter. Dabei dürfen sich keine Luftblasen bilden, sonst verdirbt die Köstlichkeit sehr schnell.

2. Die Gefäße gut verschlossen, kühl und dunkel gestellt aufbewahren.

Einlegen in Alkohol ▶ Schritt für Schritt

Auch Alkohol ist ein optimales Konservierungsmittel. Er hemmt das Wachstum von Bakterien, der zugesetzte Zucker wirkt zusätzlich konservierend. Geeignet ist nur hochprozentiger Alkohol (mindestens 54 %), ansonsten fangen die Früchte an zu gären. Richtig angesetzt, halten sich Rumtopf und Co. bis zu einem Jahr.

1. Gut gesäuberte Steinguttöpfe, Gläser und weithalsige Flaschen sind zum Einlegen geeignet.

2. Die sauberen Früchte eventuell zerkleinern, zunächst einzuckern und dann mit Alkohol bedecken. Die Gefäße gut verschließen.

Lieblinge im Vorratsschrank

Die Klassiker – bewährt und regional

Es ist kein Geheimnis, dass der Geschmack von Obst und Gemüse immer dann am intensivsten ist, wenn sie im Freiland voll ausreifen dürfen und nicht noch hunderte oder tausende Kilometer Transport überstehen müssen. Vor Ort bekommen sie nicht nur genügend Luft und Sonne ab, sie punkten auch mit mehr Vitaminen und vollen Aromen. Wer erinnert sich nicht an den Duft der Kindheit: Frisch gepflückte Beeren und Aprikosen, Äpfel und Birnen – dieses verführerische Versprechen, das durch Haus oder Wohnung zog, wenn Großmutter ans Einmachen ging ... Wer sagt denn, dass dies im 21. Jahrhundert überholt sei?

Feines Rhabarberkompott

6 à 300 ml:

1 kg Rhabarber
750 ml Wasser
350 g Zucker
ca. 1 cm frischer Ingwer
1 Vanilleschote
500 g Erdbeeren
2 EL Rum

Den geschälten **Rhabarber** in Stücke schneiden und etwa 4 Minuten blanchieren, abschrecken und abtropfen lassen. Das **Wasser** mit dem **Zucker**, dem fein gehackten **Ingwer** und der eingeritzten **Vanilleschote** in einem großen Topf aufkochen lassen. Den **Rhabarber** zugeben und 18 bis 20 Minuten leise kochen lassen, bis der Rhabarber fast zerfällt. Nun die gewaschenen und entstielten **Erdbeeren** sowie den **Rum** zugeben und weitere 3 bis 5 Minuten köcheln lassen. Dabei ab und an umrühren, vom Herd nehmen und heiß in Twist-Off-Gläser füllen. Diese verschließen und auf den Kopf gestellt abkühlen lassen.

Holunderblüten-Erdbeer-Marmelade

4 à 250 ml:

10 Holunderblüten
1 Bio-Orange
1 Bio-Zitrone
500 ml Wasser
500 g Erdbeeren
650 g Gelierzucker (2:1)

Die **Holunderblüten** waschen. **Orange** und **Zitrone** heiß abwaschen, trocken reiben und in Scheiben schneiden. Mit den Holunderblüten in einen Kochtopf geben und **Wasser** zugießen, 3 Tage ziehen lassen. Dann Abseihen, die geputzten, in Stückchen geschnittenen **Erdbeeren** hinzufügen, aufwallen lassen, den **Gelierzucker** dazugeben, 5 Minuten köcheln lassen und in saubere Twist-Off-Gläser abfüllen. Diese sofort verschließen und auf den Kopf gestellt abkühlen lassen.

Würzkirschen

6 à 250 ml:

1 kg Süßkirschen
300 g Einmachzucker
140 ml Rotweinessig
1 Zimtstange
3 Gewürznelken

Die **Kirschen** waschen, gut abtropfen lassen und mit Stielen und Kernen in eine Schüssel geben. **Zucker**, **Essig**, **Zimt** und **Nelken** mit 100 ml **Wasser** aufkochen lassen und kochend über die Kirschen gießen. Mit einem Teller beschweren, zudecken und über Nacht ziehen lassen.
Den Saft in einen Topf abgießen, um ein Viertel einkochen lassen und wieder über die Kirschen gießen. Über Nacht stehen lassen. Am dritten Tag den Saft wieder abgießen und einkochen lassen. Die Früchte in den Sirup geben, ein Mal gut durchkochen lassen, heiß in Gläser füllen und verschließen.
Passt zu Wild und Wildgeflügel, Kalbsleber, aber auch zu Panna Cotta oder Karamelleis.

Variante: Ersetzen Sie den Rotweinessig durch 40 ml Portwein, 40 ml Granatapfelsaft (verwenden Sie keine Grenadine, sondern frisch gepressten, ungezuckerten Granatapfelsaft) und 60 ml Aceto Balsamico (ca. 9 Jahre alt).

Omas Rumtopf

1 kg gemischte frische Früchte der Saison (z.B. Erdbeeren, Aprikosen, Heidelbeeren, Kirschen, Himbeeren)
750 g Einmachzucker
750 ml Rum (mind. 54%)

Früchte waschen. Gründlich abtropfen lassen, verzehrfertig vorbereiten, mit 200 g **Zucker** bestreuen und 40 Minuten ziehen lassen. Mit restlichem Zucker in ein sauberes Gefäß mit Deckel (Steingut, Porzellan oder Glas) füllen und **Rum** zugeben, bis die Früchte bedeckt sind. Vorsichtig umrühren, damit sich der Zucker langsam löst. Verschlossen mindestens 14 Tage an einem kühlen Ort stehen lassen.

Klassischer Rumtopf

Traditionell beginnt man im Mai mit den ersten Erdbeeren, dann werden bis in den November hinein Früchte und Rum aufgefüllt, bevor man im Advent endlich die ersten Früchte genießen kann. Gefüllt wird der Topf mit Erdbeeren (Mai – Juni); Kirschen (Juni – Juli); Pfirsichen, Aprikosen, Himbeeren, Brombeeren, Heidelbeeren (August), Birnen (August – September), Zwetschgen (September – Oktober) sowie Ananas, Orangen und Mandarinen (Oktober – November). Dazu kommen Zucker und Rum (54% Alkohol).

Für den Start **Erdbeeren** waschen, putzen und halbieren. Achten Sie beim **Obst** darauf, dass es reif, aber unbeschädigt ist. Für die ersten Früchte lautet das Mischungsverhältnis von Obst und **Zucker** 1:1 (also zum Beispiel auf 500 g Erdbeeren kommen 500 g Zucker). Geben Sie die Früchte mit dem Zucker in ein ausreichend großes und gut gesäubertes Glas- oder Steingutgefäß, lassen Sie sie kurz ziehen und füllen Sie den Ansatz dann mit **Rum** auf, bis die Früchte gut bedeckt sind. Sollten die Erdbeeren an der Oberfläche schwimmen, beschweren Sie das Ganze mit einem Teller. Monat für Monat kommen nun weitere Früchte in den Topf. Dabei sind Mengen und Reihenfolge völlig egal. Nur mischen Sie Obst und Zucker jetzt im Verhältnis 2:1 (zum Beispiel 500 g Kirschen und 250 g Zucker). Vor allem nicht vergessen, immer wieder mit Rum aufzufüllen. **Vanilleschote**, **Zimtstangen** oder frische Stängel von **Zitronenmelisse** oder **Pfefferminze** geben zusätzliches Aroma. Bewahren Sie den Rumtopf unbedingt kühl auf und kontrollieren Sie ihn öfter – aber ohne zu naschen!

Steigen kleine Bläschen an der Oberfläche auf, haben die Früchte begonnen zu gären. Falls Sie es zeitig genug bemerken, können Sie den Rumtopf mit etwas Glück noch retten. Gießen Sie Rum nach bzw. rühren Sie vorsichtig 50 ml reinen Alkohol unter. Den gibt es in der Apotheke.

Schwarze Nüsse

5 à 250 ml:

1 kg grüne (unreife) Walnüsse
1 Vanilleschote
1,4 kg Gelierzucker (1:1)
1,2 l Wasser
3 Nelken
1 EL Piment
2 Stück Muskatblüte (ersatzweise ¼ TL geriebene Muskatnuss)
½ TL Salz

Als erstes **Einweg-Handschuhe** anziehen, die Farbe der Nüsse ist sehr anhänglich. Nun die **Nüsse** mehrmals (ca. 10 bis 15 Mal) mit einer Nadel einstechen – gut geeignet ist eine Rouladennadel. Die so vorbereiteten Nüsse in ein ausreichend großes Gefäß geben und mit kaltem **Wasser** übergießen. An einem kühlen Ort 14 Tage ruhen lassen, dabei das Wasser täglich wechseln. Die Nüsse verändern in dieser Zeit ihre Farbe von grün zu schwarz.
Nach 14 Tagen die Nüsse abgießen und mit frischem, kalten Wasser aufsetzen, 30 Minuten kochen, dann abgießen, abschrecken und abtropfen lassen.
Inzwischen das Mark aus der **Vanilleschote** kratzen. 1,2 Liter **Wasser**, 1,2 kg **Zucker**, das Mark und die Schote der Vanille, **Gewürze** und **Salz** aufkochen, bis sich der Zucker aufgelöst hat. Etwas abkühlen lassen, dann über die Nüsse gießen und einen Tag stehen lassen. Am zweiten Tag den Sirup abgießen und auffangen. 100 g **Zucker** zugeben, wiederum aufkochen, etwas abkühlen und erneut über die Nüsse gießen, stehen lassen. Diese Prozedur am dritten Tag wiederholen.
Am vierten Tag die Nüsse mit dem Sirup aufkochen, in Twist-Off-Gläser füllen, verschließen und 6 Monate an einem kühlen Ort reifen lassen.

Die Nüsse werden Mitte bis Ende Juni geerntet und wie beschrieben im Ganzen verarbeitet. Die Schale ist zu diesem Zeitpunkt noch weich und glasig und das grüne Fruchtfleisch bekommt durch das Einlegen Geschmack und verliert Bitterkeit. Haltbarkeit bis zu 4 Jahre (je länger, je besser).
Bei den Gewürzen sind Variationen erlaubt: Nelken, Zimtstangen, Vanille, Sternanis, Macisblüte, Kardamom, Chili und Meersalz können in den Topf.

Schwarzwald im Glas

5 à 220 ml:

1,2 kg Sauerkirschen
500 g Gelierzucker (2:1)
2 TL Instant-Espressopulver
2 EL Kakaopulver
4 cl Kirschwasser

Kirschen waschen, entstielen und entsteinen. 1 kg **Fruchtfleisch** abwiegen, die Hälfte der Kirschen pürieren und mit dem **Gelierzucker** in einem großen Topf mischen. **Espressopulver**, **Kakao** und den Rest der Kirschen untermischen. Unter Rühren aufkochen und 3 Minuten sprudelnd kochen lassen. **Kirschwasser** unterrühren.

Den aufgestiegenen Schaum mit einem Schaumlöffel abheben. Konfitüre sofort randvoll in saubere Twist-Off-Gläser füllen, verschließen und auf den Deckel stellen und abkühlen lassen.

Röschen im Glas

4 à 300 ml:

1 Blumenkohl
1 Brokkoli
250 ml Weinessig oder weißer Balsamico
500 ml Wasser
50 g Salz
250 g Zucker
1 EL Senfkörner
1 EL Piment
½ EL Wacholderbeeren
3 Lorbeerblätter
3 Knoblauchzehen
1 kleine rote Chilischote
½ Bd. Zitronenthymian

Blumenkohl und **Brokkoli** waschen, putzen und in kleine Röschen teilen. Diese fest in vorbereitete Einweckgläser schichten, gegebenenfalls etwas andrücken. Die gewaschenen **Thymianzweige** mit einschichten. **Essig** und **Wasser** mischen und mit den **Gewürzen**, der entkernten und in feine Ringe geschnittenen **Chilischote** sowie dem in Scheiben geschnittenen **Knoblauch** zum Kochen bringen, kochendheiß in die Gläser über das Gemüse gießen.
Gläser mit vorbereiteten Gummiringen, Deckeln und Klammern schließen und bei 90 °C ca. 30 Minuten einkochen. Die Klammern erst entfernen, wenn die Gläser völlig ausgekühlt sind.

Varianten: Geben Sie je nach eigenem Geschmack schwarze Oliven, Petersilienwurzel oder Zwiebelringe, grünen Pfeffer oder Koriander zu.

Pikante Böhnchen

6 à 250 ml:

1 kg grüne Bohnen (je kleiner, desto besser)
250 ml Weinessig
500 ml Wasser
3 Gewürznelken
5 Pimentkörner
½ Bd. Bohnenkraut
1 EL bunte Pfefferkörner
2 EL Senfkörner
1 Zimtstange
1 Stück frischer Ingwer (ca. 1–2 cm)
1 kleine rote Chilischote
100 g Zucker
1 EL Salz
1 Schalotte
1–2 EL Zwiebellauch
2 EL Dill
½ Bd. frisches Bohnenkraut

Die **Bohnen** waschen, putzen, falls nötig Fäden abziehen und in **Salzwasser** blanchieren, nach dem Aufkochen ca. 5 Minuten ziehen lassen, sofort herausnehmen (sie dürfen nicht weich werden).
Für den Sud **Essig** und **Wasser** aufkochen, die **Gewürze** zugeben, **Ingwer** schälen und in Scheiben schneiden, **Chili** entkernen und in kleine Stücke teilen. Zugeben und alles fünf Minuten sprudelnd kochen.
Inzwischen **Schalotte** schälen und **Zwiebellauch** in feine Ringe schneiden, **Dill** abzupfen. Die Bohnen in Gläser oder einen Tontopf schichten, **Zwiebeln**, **Dill** und **Bohnenkraut** dazwischen legen. Den heißen Sud aufgießen. Gläser verschließen bzw. Tontopf abdecken.
Am nächsten Tag den Sud abgießen, erneut aufkochen. Eventuell nochmals mit **Essig** und **Zucker** abschmecken. Wieder kochendheiß über die Bohnen geben. Die Gläser verschließen. Im Tontopf einen Teller auf die Bohnen legen und mit Frischhaltefolie verschließen. Darauf achten, dass die Bohnen komplett im Sud liegen.

Hinweis: Die Bohnen schmecken schon nach ein paar Tagen, werden aber von Woche zu Woche besser. Also: Zeit zum Durchziehen lassen.

Pikant eingelegtes Gartengemüse

4 à 750 ml:

3 mittelgroße Zwiebeln
3 Möhren
1 kg kleine schlanke Zucchini
je 2 rote und gelbe Paprikaschoten
1 Peperoni
250 g Blumenkohl
2 Knoblauchzehen
500 ml Weißweinessig
250 ml Wasser
200 g Zucker
2–3 TL Salz
1 TL Senfkörner
1 EL Gurkengewürz (fertige Gewürz-Mischung zum Einlegen)
½ TL gemahlener Kurkuma

Die **Zwiebeln** schälen. Die **Möhren** putzen und schälen. Beides in Scheiben schneiden. **Zucchini** waschen, putzen und ebenfalls in Scheiben schneiden. **Paprikaschoten** und **Peperoni** halbieren, entkernen, waschen und die Hälften in dünne Streifen schneiden. Den **Blumenkohl** waschen, putzen und in kleine Röschen teilen. Den **Knoblauch** schälen und in Scheibchen schneiden.

Essig, 250 ml **Wasser**, **Zucker**, **Salz**, **Senfkörner**, **Gurkengewürz** und gemahlenen **Kurkuma** in einem Topf aufkochen, dann die einzelnen Gemüsesorten darin nacheinander in ca. 6 Minuten kochen. Jeweils mit einer Schaumkelle herausheben und in die Gläser schichten.

Den Essigsud nochmals aufkochen lassen und heiß über das Gemüse gießen. Die Gläser sofort verschließen.

Das eingelegte Gemüse schmeckt pur oder als Beilage zu gegrilltem Fleisch.

Zwiebeln mit Tomaten

5 à 250 ml:

750 g Kirschtomaten
500 g Perlzwiebeln
750 ml Wasser
350 ml Kräuteressig
200 g Zucker
1 EL Salz
12 Pimentkörner
1 TL Dillsamen
5 kleine Lorbeerblätter
½ Bund Basilikum

Tomaten waschen und die Stielansätze entfernen, einige Male mit einem spitzen Messer einstechen. **Zwiebeln** schälen und waschen.
Essig, **Wasser**, **Zucker** und **Salz** in einen Topf geben und kochen lassen, bis sich Zucker und Salz aufgelöst haben.
Piment und **Dillsamen** in Einweckgläser geben, darüber Tomaten und **Perlzwiebeln** schichten und je 1 **Lorbeerblatt** mit einigen **Basilikumblättchen** dazwischen stecken, mit dem heißen Sud auffüllen und verschließen. Die Gläser bei 90 °C ca. 25 Minuten sterilisieren, dann noch weitere 15 Minuten im Topf stehen lassen. Herausnehmen und umgedreht abkühlen lassen.

Gewürzgurken

1 à 1000 ml:

1 kg kleine, feste Einlegegurken
125 g Salz
300 ml Wasser
300 ml Weißweinessig
80 g Zucker
1 kleines Lorbeerblatt
1 TL Senfkörner
5 Pfefferkörner
1 TL Wacholderbeeren
1 Gewürznelke
½ Bund Dill

Die **Einlegegurken** gründlich waschen und abtropfen lassen. Sie sollten grün, fleckenfrei und unbeschädigt sein. Das **Salz** in einen Liter **Wasser** geben und rühren, bis es sich aufgelöst hat. Die vorbereiteten Gurken über Nacht (ca. 12 Stunden) darin einlegen, damit Bitterstoffe entfernt werden. Die Einlegegurken danach gut abspülen und in ein großes ausgekochtes Glas mit Twist-Off-Deckel schichten.
Den **Essig** mit 300 ml **Wasser** mischen und zusammen mit dem **Zucker** aufkochen. Die **Gewürze** über die Gurken verteilen. Ein paar Stängel frischen **Dill** zufügen. Den kochenden Essigsud darüber gießen und das Glas gut verschließen. Die Gewürzgurken sollten komplett vom Essigsud bedeckt sein.
Den Ofen auf 180 °C vorheizen. Das Gewürzgurkenglas auf die mittlere Schiene stellen und ca. 25 Minuten pasteurisieren. Gewürzgurken aus dem Ofen nehmen, abkühlen lassen und vor dem Servieren mindestens 3 Wochen ziehen lassen.

Varianten: Ergänzen Sie je nach Geschmack die Gewürze durch frischen Zitronenthymian, Chili, Ingwer und Meerrettich, auch Estragon passt gut zu den Gurken.

Senfgurken

5 à 500 ml:

2½ kg Schmorgurken
1 rote Chilischote
1 l Apfelessig
½ l Wasser
200 g Zucker
100 g Salz
12 Nelken
2 TL Senfkörner
2 EL Dillspitzen

Die **Gurken** schälen, längs halbieren und die Kerne mit einem Löffel herausschaben. In fingerdicke Streifen schneiden. Die **Chilischote** waschen, längs aufschlitzen, entkernen und in kleine Stücke schneiden. **Essig**, ½ Liter **Wasser**, **Zucker**, **Salz**, **Nelken**, **Senfkörner** und **Chilischote** in einen Topf geben und aufkochen lassen. Gurken dazugeben und 4 Minuten glasig kochen. Mit einer Schaumkelle herausnehmen und mit den **Dillspitzen** in eine Schüssel füllen. Sud 10 Minuten einkochen, über die Gurken gießen und die Schüssel mit Frischhaltefolie gut abdecken. Am nächsten Tag Sud abgießen und nochmals aufkochen. Die Gurken in Twist-Off-Gläser schichten, den heißen Sud aufgießen, so dass sie völlig bedeckt sind. Sofort verschließen. Wenigstens vier Wochen durchziehen lassen.
Die Senfgurken sind gut verschlossen 3 Monate haltbar.

Gekaperte Möhren

5 à 500 ml:

2 kg junge Möhren
3 Bio-Orangen
½ l Weißweinessig (wer es nicht ganz so pikant mag, kann den Essig problemlos reduzieren)
1 l Wasser
1 EL Meersalz
50 g Zucker
20 g Kapern
800 ml Sonnenblumen- oder Olivenöl

Die **Möhren** putzen, schälen und in etwa 1 cm dicke Scheiben schneiden. Die **Orangen** heiß waschen, abtrocknen und die Schale dünn abschälen. Den **Essig** mit 1 Liter **Wasser**, **Salz** und **Zucker** in einem Topf zum Kochen bringen. Die **Möhrenstücke** und die **Orangenschale** hinzugeben und etwa 1 Minute köcheln lassen. Dann vom Herd nehmen und im Essigsud 10 Minuten ziehen lassen.
Möhrenscheiben und Orangenschale aus dem Sud heben und auf sauberen Küchentüchern ausbreiten. Sehr gründlich trocknen, dann mit den **Kapern** in sterilisierte Gläser füllen. Soviel **Öl** angießen, dass die Möhren ganz bedeckt sind. Die Gläser verschließen und mindestens 1 Woche durchziehen lassen.
Haltbarkeit: ca. 4 Monate

Möhren (Karotten) sind ein schmackhaftes Gemüse – leider gibt es sie nicht immer frisch aus der Region. Deshalb lohnt es sich, sie in der Saison einzulegen. Achten Sie beim Einkauf auf das Alter. Die einzulegenden Möhren sollten Marktfrische besitzen und dabei nicht zu groß sein. Legen Sie Wert auf den Eigengeschmack, dann sollten Sie am Essig und stark aromatisierenden Kräutern sparen. Möchten Sie etwas Besonderes ausprobieren, greifen Sie zu Chili, Ingwer und Kardamom. Weinbrandessig ist ebenfalls ein idealer Partner für Möhren.

Süß-saure Möhrchen

5 à 500 ml:

600 g Babymöhren
2 rote Paprikaschoten
1 Zwiebel
1 Handvoll Dill
1 unbehandelte Limette
400 ml Wasser
1 EL Salz
50 g Honig
1 Lorbeerblatt
1 EL Senfkörner
1 TL schwarze Pfefferkörner
100 ml Obstessig

Die **Möhren** waschen, säubern und eventuell halbieren. Die **Paprikaschoten** waschen, halbieren, die weißen Häute und Kerne entfernen und in Würfel schneiden. Die **Zwiebel** abziehen, halbieren und in dünne Streifen schneiden. Den **Dill** abbrausen und abzupfen. Die **Limette** heiß abwaschen und in dünne Scheiben schneiden.
In einem Topf ca. 400 ml **Salzwasser** zum Kochen bringen und Möhren, Paprika und Zwiebel darin etwa 3 Minuten blanchieren. Abgießen, den Sud auffangen und das Gemüse auf die vorbereiteten Gläser verteilen.
Den Sud mit dem **Honig**, dem **Lorbeerblatt**, den **Senf-** und **Pfefferkörnern** weitere 10 Minuten köcheln lassen. Vom Herd nehmen. Erst jetzt **Essig**, Dill und Limettenscheiben dazugeben.
Mit dem Sud die Gläser auffüllen, so dass das Gemüse vollständig bedeckt ist. Sofort verschließen und auskühlen lassen. Vor dem Verzehr die Gläser mindestens einen Tag stehen lassen.
Kühl und dunkel gelagert halten die Möhren mindestens 6 Monate.

Mixed Pickles

5 à 500 ml:

1½ kg frisches Gemüse (z.B. kleine Gurken, Silberzwiebeln, junge Maiskolben, Blumenkohlröschen, Möhren)
250 ml Wasser
3 Gewürznelken
1 grüne Kardamomkapsel
1 TL schwarze Pfefferkörner
1 TL Koriandersaat
5 Lorbeerblätter
1 Stück frischer Ingwer (ca. 2 cm)
60 g Salz
60 g Zucker
500 ml Apfelessig
5 Stängel Estragon oder Bohnenkraut

Gemüse putzen, abspülen und je nach Größe in Stücke von etwa 1½ cm Seitenlänge oder in Scheiben schneiden.
Für den Sud ein Viertel Liter **Wasser**, **Nelken**, **Kardamom**, **Pfefferkörner**, **Koriander**, **Lorbeerblätter**, den geschälten und in Scheiben geschnittenen **Ingwer**, **Salz**, **Zucker** und **Essig** aufkochen. Gemüse in die vorbereiteten Gläser schichten. **Kräuterstängel** abspülen und je einen in jedes Glas geben. So viel Sud aufgießen, bis das Gemüse bedeckt ist.
Die Gläser fest verschließen. In den Einkochtopf stellen. Bei 90 °C 15 Minuten sterilisieren.
Das Gemüse etwa einen Monat vor dem Verzehr ziehen lassen.

Suppengewürz

8 à 250 ml:

3 mittelgroße Möhren
1 Knollensellerie
2 Stangen Porree
4 mittelgroße Zwiebeln
1 Bd. Petersilie
1 Bd. Schnittlauch
1 Bd. Schnittknoblauch
½ Knolle Knoblauch
1 Bd. frische Gartenkräuter
250 g Salz

Alle **Kräuter** und **Gemüse** putzen, grob zerteilen und im Mixer zerkleinern. Wenn man es noch feiner wünscht, mit dem Mixstab fein pürieren. Die Zutaten sind beliebig erweiterbar, es können einzelne Komponenten weggelassen oder ausgetauscht werden.
Das Salz unter das zerkleinerte Gemüse mischen, etwas ziehen lassen, nochmal gut verrühren, fest in saubere Schraubgläser drücken und verschließen. Kühl aufbewahren. Das Salz konserviert für mindestens 1 Jahr. Kann als Gewürz wie gekörnte Brühe (Instant) verwendet werden.

Lauch in Honigmarinade

5 à 500 ml:

2 kg Lauch (Porree)
150 g Honig
250 ml Wasser
400 ml Apfelessig
2 Lorbeerblätter
6 Wacholderbeeren,
2 Chilischoten
1 TL Meersalz

Den **Lauch** gründlich waschen und in ca. 2 cm breite Stücke schneiden. Die hellgrünen Teile können mit verwendet werden. Den **Honig** mit dem **Essig**, 250 ml **Wasser**, den **Gewürzen** und **Salz** in einem Topf zum Kochen bringen. Die Lauchstücke in eine Porzellanschüssel geben und mit der Marinade übergießen. Alles über Nacht abgedeckt ziehen lassen. Dann den Lauch in der Marinade zum Kochen bringen und etwa 5 Minuten garen. Anschließend heiß in Gläser füllen und sofort verschließen. Den Lauch mindestens 2 Wochen ziehen lassen. Ungeöffnet ist der Lauch ca. 6 Monate haltbar.

Pikantes Apfelmus

4 à 300 ml:

10 große Äpfel
5 große Schalotten
1 Stück frischer Ingwer
(ca. 1–2 cm)
1 rote Chilischote
1–2 EL Öl
200 ml naturtrüber Apfelsaft

Die **Äpfel** schälen und in Stücke schneiden. Den **Ingwer** schälen und auf einer Reibe zerkleinern. Die **Schalotten** in kleine Würfel schneiden. Die entkernte **Chilischote** in kleine Würfel schneiden.
Den Ingwer, die Schalotten und den Chili in etwas **Öl** glasig dünsten. Die Apfelwürfel und den **Apfelsaft** hinzugeben und köcheln lassen, die Apfelstücke sollten noch etwas Biss haben und nicht völlig zerkochen. Heiß in Twist-Off-Gläser füllen und auf den Kopf gestellt abkühlen lassen.
Passt gut zu Kartoffelpuffern, aber auch zu Fleisch, zum Beispiel Kalbsleber oder rosa gebratenem Kalbsfilet, und Bratwurst.

Varianten: Ersetzen Sie einen Teil des Apfelsaftes durch Apfelbrand, Calvados oder Grappa.

Apfel-Brombeer-Marmelade

6 à 250 ml:

500 g Brombeeren
500 g säuerliche Äpfel
ca. 100 ml Wasser
750 g Zucker

Brombeeren mit dem **Zucker** vermischt über Nacht ziehen lassen. Die geschälten **Äpfel** in kleine Stücke schneiden und mit **Wasser** zu Apfelmus zerkochen. Brombeeren separat weich kochen, dann beides vermischen. Unter ständigem Rühren zu Marmelade eindicken lassen. In trockene, erwärmte Gläser füllen.

Schwarzer Apfel

4 à 500 ml:

1 kg Holunderbeeren
1 kg Äpfel
4 EL Zucker

Äpfel in Spalten schneiden, dabei das Kerngehäuse entfernen. Abwechselnd mit den entstielten und gut gewaschenen **Holunderbeeren** in heiß ausgespülte Einkochgläser bis 4 cm unter den Rand füllen. Pro Glas 1 Esslöffel **Zucker** hinzufügen. Mit kochendem **Wasser** bis 2 cm unter den Rand auffüllen.
Die ausgekochten Ringe auf die Deckel stülpen und die Gläser verschließen. Vorher den Rand noch einmal mit einem feuchten und heißen Tuch abwischen.
Verschließen und nach Anleitung (Schnellkochtopf, Einkochautomat, Backofen) einkochen.

Hinweis: Hält sich bei sehr sauberer Verarbeitung ca. ein Jahr. Die Beeren knistern beim Essen. Daher ist dieses Kompott bei Kindern sehr beliebt.

Würzige Brombeeren

6 à 250 ml:

1 kg frische Brombeeren
400 ml Weißweinessig
500 g Zucker
3 Nelken
1 TL Korianderkörner
1 Stück frischer Ingwer (ca. 2 cm)
1 zerkleinerte Stange Zimt

Die **Brombeeren** verlesen und putzen. Den **Essig** mit dem **Zucker**, den **Nelken**, dem geschälten und zerkleinerten **Ingwer**, **Koriander** und dem **Zimt** aufkochen und ca. 2 Minuten kochen lassen. Die Brombeeren zugeben, aufkochen lassen und sofort in heiß ausgespülte Gläser füllen. Auf den Deckel gestellt abkühlen lassen.

Stachelbeer-Wein-Konfitüre

4 à 200 ml:

500 g rote Stachelbeeren
300 ml Weißwein
1 kg Gelierzucker (1:1)
1 Stück frischer Ingwer (ca. 2–3 cm)
5 EL Zitronensaft

Die **Stachelbeeren** waschen, abtropfen lassen und putzen. Mit **Wein** und **Gelierzucker** in einem großen Topf mischen und zugedeckt 1 Stunde ziehen lassen.
Stachelbeermasse fein pürieren. **Ingwer** dünn schälen, fein reiben und mit **Zitronensaft** zur Stachelbeermasse geben. Masse bei milder Hitze aufkochen, 3 Minuten unter Rühren sprudelnd kochen lassen. In sterile Twist-Off-Gläser füllen, verschließen und auf den Deckel stellen. Nach 10 Minuten wieder umdrehen und abkühlen lassen.

Marinierte Pilze

5 à 500 ml:

1 kg frische Pilze (z.B Steinpilze, Pfifferlinge, Champignons)
300 ml Weißweinessig
250 ml Weißwein
40 g grobes Meersalz
3 EL Korianderkörner
3 Lorbeerblätter
1 Zweig frischer Rosmarin
2 Knoblauchzehen
500 ml Olivenöl

Pilzsammler aufgepasst: Wenn Sie mehr Pilze gefunden haben, als Sie auf einmal essen können, marinieren Sie sie einfach in einem Sud aus Weißwein, Olivenöl und Gewürzen!

Pilze putzen (bei Steinpilzen und Champignons Stiele entfernen und die Hüte mit einem sauberen und feuchten Küchentuch abreiben). **Essig**, **Wein**, **Salz**, **Koriander**, **Lorbeerblätter**, abgestreifte **Rosmarinnadeln** zusammen mit dem geschälten und gehackten **Knoblauch** aufkochen und bei kleiner Hitze etwa 10 Minuten kochen lassen. Die Hälfte der Pilze in den Sud geben und bei kleiner Hitze weitere 10 Minuten köcheln.
Pilze mit einer Schaumkelle aus dem Sud heben und in einem Sieb abtropfen lassen. Die zweite Hälfte Pilze im Sud ebenso kochen, herausnehmen und abtropfen lassen. Die Pilze ausbreiten und mit Küchenkrepp trocken tupfen. Die so vorbereiteten Pilze in die vorbereiteten Gläser geben und vollständig mit **Öl** bedecken. Gläser fest verschließen.

Steinpilze mit Sellerie im Würzsud

3 à 500 ml:

1 kg kleine Steinpilze
3 Stangen Staudensellerie
1 TL Wacholderbeeren
1 TL schwarze Pfefferkörner
1 EL Koriandersamen
5 Zweige Zitronenthymian
150 ml Weißweinessig
450 ml Wasser
1 EL Salz

Die **Steinpilze** trocken abreiben, putzen und je nach Größe halbieren oder vierteln. Den **Sellerie** putzen, waschen und längs halbieren oder dritteln, dann quer in etwa 5 cm lange Stücke schneiden.
Wacholderbeeren, **Pfefferkörner** und **Koriandersamen** im Mörser grob zerstoßen. Den **Zitronenthymian** abbrausen und trocken schütteln. Den **Essig** mit 450 ml **Wasser**, den **Gewürzen**, Zitronenthymianzweigen und **Salz** in einen Topf geben und zum Kochen bringen. Die Pilze und den Sellerie dazugeben und 5 Minuten mitkochen.
Die Einweckgläser heiß ausspülen. Das Gemüse mit dem kochend heißen Sud jeweils bis 2 cm unter den Rand einfüllen und die Gläser verschließen. Ein Küchentuch auf den Boden eines Topfs legen und die Gläser hineinstellen. So viel heißes Wasser angießen, dass die Gläser bis zum Deckelrand darin stehen. Das Wasser zum Kochen bringen und die Steinpilze 1 Stunde einkochen. Die Steinpilze im Topf abkühlen lassen und vor dem Verzehr mindestens 24 Stunden ziehen lassen. Die eingekochten Steinpilze sind gut ein Jahr haltbar.
Sie schmecken zu Blattsalaten (ein wenig Einlegeflüssigkeit für die Vinaigrette verwenden) oder gehackt als Tatar auf Röstbroten.

Senfbirnen

4 à 300 ml:

1 kg Baby-Birnen (reif, aber nicht weich)
2 Lorbeerblätter
2 Gewürznelken
2 TL weiße Pfefferkörner
1 Stück frischer Meerrettich (ca. 5 cm)
2 EL Senfkörner
1 l Weißweinessig
125 g Zucker

Die **Birnen** gründlich waschen. Dann ungeschält in Wasser kochen, bis sie sich leicht einstechen lassen. Die Früchte in ein Sieb schütten und gut abtropfen und erkalten lassen. Früchte halbieren und die Kerngehäuse entfernen.
Die Birnen auf Einmachgläser verteilen. Die **Lorbeerblätter**, die **Gewürznelken**, die **Pfefferkörner**, den geschälten und in Stücke geschnittenen **Meerrettich** und die **Senfkörner** zu den Birnen geben.
Essig und **Zucker** in einem kleinen Topf aufkochen und dann abkühlen lassen. Den erkalteten Essigsud über die Birnen gießen. Die Früchte sollten dabei mit der Flüssigkeit bedeckt sein. Gefäße fest verschließen.

Rotweinpflaumen

5 à 300 ml:

1 kg Pflaumen
600 ml Rotwein
4 EL Zucker
1 Stange Zimt
5 Gewürznelken
1 Pck. Vanillezucker
evtl. 1 Tasse Wasser

Die **Pflaumen** – am besten geeignet sind Hauspflaumen – waschen, entkernen und in zwei Hälften schneiden. Dann mit den **Gewürzen** in einen Topf geben, mit **Wein** auffüllen und aufkochen lassen, etwa 5 bis 10 Minuten köcheln lassen. Bei Bedarf noch etwas **Wasser** zugeben. Die heißen Pflaumen in vorbereitete Twist-Off-Gläser füllen und sofort verschließen.

Rote Bete

4 à 370 ml:

1 kg kleine, gleich große Rote-Bete-Knollen
1 Stück frischer Ingwer (ca. 2–3 cm)
200 g Zwiebeln
400 ml Weißweinessig
600 ml klare Gemüsebrühe
1½ EL Salz
5 EL Zucker

Rote-Bete-Knollen waschen und mit Wasser bedeckt im geschlossenen Topf aufkochen. Bei mittlerer Hitze 40 bis 45 Minuten garen, abgießen und unter fließendem Wasser pellen und in 1,5 cm breite Spalten schneiden.
Frischen **Ingwer** schälen und in dünne Scheiben schneiden. **Zwiebeln** halbieren und längs in Halbringe schneiden. Ingwer, Zwiebeln und Rote Bete mit **Weißweinessig**, klarer **Gemüsebrühe**, **Salz** und **Zucker** aufkochen. 2 Minuten kochen lassen, in 4 saubere Twist-Off-Gläser füllen und fest verschließen.

Hinweis: Unbedingt Einmalhandschuhe verwenden! Rote Bete färben extrem.

Rote Bete mit Cointreau

4 à 300 ml:

2 große Rote-Bete-Knollen
500 ml naturtrüber Apfelsaft
125 ml Gemüsebrühe (Instant)
1 EL Honig
1 Zweig Rosmarin
100 ml Cointreau oder Calvados

Die frische **Rote Bete** schälen, fein hobeln und im Kochtopf mit **Apfelsaft** bedecken. **Gemüsebrühe** kochen, hinzufügen und alles 15 Minuten kochen. 5 Minuten vor Ende der Garzeit einen Zweig **Rosmarin** hinzufügen. Diesen am Ende der Garzeit wieder entfernen. Mit ca. 1 Esslöffel **Honig** abschmecken, weitere 5 Minuten kochen.
Während des Kochens vorbereitete, saubere Twist-Off-Gläser zur Desinfektion mit **Cointreau** oder **Calvados** ausspülen (Cointreau oder Calvados in die Gläser füllen, Deckel drauf, kräftig schütteln). Den restlichen Cointreau bzw. Calvados nach dem Kochen zu den Rote Bete geben.
Die Rote Bete in die Gläser füllen und mit Saft bedecken, sofort verschließen, umdrehen und auf den Deckel stellen. Zur besseren Haltbarkeit können die Gläser anschließend noch 15 Minuten sterilisiert werden.
Wenn man Rote Bete in Apfelsaft einkocht, schmecken sie sehr fruchtig und nicht so erdig wie Rote Bete, die in der Schale gekocht wurden. Sie bluten zwar ein wenig aus, aber das ist nicht so dramatisch.

Die Rote Bete kann, mit Vinaigrette angemacht, kalt als Salat gegessen werden. Sie schmeckt aber auch sehr gut warm! Einfach im eigenen Saft erhitzen, etwa 150 g (Ziegen)Frischkäse unterrühren und zu Nudeln servieren.

Marinierter Kürbis

2 à 450 ml:

½ Bio-Zitrone
500 g Kürbisfruchtfleisch (z.B. Muskatkürbis)
200 ml Apfelessig
200 ml Apfelsaft
6 Gewürznelken
2 Sternanis
2 EL Zucker
1 TL Salz

Die **Zitrone** auspressen. Den **Kürbis** schälen, entkernen und grob würfeln, zusammen mit dem **Essig**, **Apfelsaft**, **Zitronensaft**, **Nelken**, **Anis**, **Zucker** und **Salz** in einen Topf geben, aufkochen lassen und bei kleiner Flamme ca. 10 Minuten bissfest garen.
In vorbereitete Gläser füllen, sofort verschließen und abkühlen lassen. Vor dem Verzehr mindestens 2 Tage durchziehen lassen.

Knoblauch-Chili-Kürbis

8 à 450 ml:

1½ kg Kürbisfleisch
500 g Zucker
375 ml Weinessig
500 ml Wasser
10 Knoblauchzehen
2 rote Chilischoten
1 TL bunte Pfefferkörner

Kürbis schälen, entkernen und in 1 bis 2 cm große Würfel schneiden und mit 500 g **Zucker** mindestens 3 Stunden ziehen lassen.
375 ml **Weinessig** mit 500 ml **Wasser** aufkochen. Die **Knoblauchzehen** abziehen, **Chilischoten** halbieren, entkernen und mit den **Pfefferkörnern** zugeben. Den gezuckerten Kürbis in den kochenden Würzsud geben, ca. 6 Minuten köcheln lassen, mit der Schaumkelle herausnehmen und in vorbereitete Twist-Off-Gläser füllen. Sud nochmals aufkochen, mit Salz abschmecken, kochendheiß über den Kürbis gießen. Gläser sofort verschließen, stürzen und abkühlen lassen. Nach etwa 6 Wochen genießen!

Essigtrauben

4 à 300 ml:

1 kg Weintrauben
350 g Zucker
¾ l Weinessig
1 Zimtstange oder
gestoßener Zimt
3 Gewürznelken
1–2 Zitronen

Die **Trauben** von den Stielen zupfen und mit **Nelken** und **Zimt** in einen Steinguttopf geben. Den **Zucker** in den **Weinessig** rühren und aufkochen, abschäumen und abkühlen lassen. Noch warm über die Trauben gießen, bis diese bedeckt sind, dann den Topf mit einem Leinentuch verschließen.
Nach 5 bis 6 Tagen die Flüssigkeit in einen zweiten Topf abgießen, abends aufkochen und wieder warm über die Trauben gießen. Diesen Vorgang nach weiteren 5 bis 6 Tagen wiederholen. Erst dann haben die Trauben den richtigen Geschmack. Sie schmecken hervorragend als süßsaure Beilage zu Fleisch- und Wildgerichten.

Tipp: Es können grüne oder auch blaue Trauben verwendet werden, nur sollten diese möglichst dünnhäutig sein und nicht so starkkernig. Bei Verwendung von grünen Trauben kann der Saft von 1 bis 2 **Zitronen** helfen, die grüne Farbe zu erhalten.

Alte Bekannte neu entdeckt

Geschmackvoll variiert

Die geliebten Obst- und Gemüsesorten aus dem Garten oder frisch vom Markt sind reif für eine Erneuerungskur: Feine Gewürze, außergewöhnliche Begleiter, unerwartete Kombinationen geben alten Bekannten den ultimativen Schliff und überzeugen auch den verwöhntesten Gaumen. Dabei darf es ruhig exotisch zugehen, sogar gewagt. Wildfrüchte und Beeren sorgen für delikate Überraschungen, wohldosierte Würze für Gaumenkitzel. Stecken Sie daher nicht nur den Sommer ins Glas, sondern den Geschmack und die Aromen des Urlaubs gleich dazu.

Mai bis August

Himbeer-Verbene-Konfitüre

4 à 300 ml:

1 kg Himbeeren
1 TL Zitronensaft
300 g Gelierzucker (3:1)
1 Bd. Zitronenverbene

Himbeeren verlesen und in einem Topf mit **Zitronensaft** und **Zucker** mischen. Die abgezupften **Verbeneblätter** dazu geben und alles ca. 30 Minuten ziehen lassen. Dann erhitzen und etwa 4 Minuten sprudelnd kochen lassen. Zitronenverbene entfernen. Die Konfitüre heiß in ausgespülte Twist-Off-Gläser füllen. Sofort fest verschließen und auf dem Deckel stehend abkühlen lassen.

Aprikosen mit Zitronengras

4 à 500 ml:

4 Stängel Zitronengras
1 Vanilleschote
Zitronensaft
200 ml Weißwein
500 ml Wasser
150 g brauner Zucker
50 g Honig
1,6 kg Aprikosen

Das **Zitronengras** putzen und in Stücke schneiden. Die Stücke mit Hilfe eines Fleischklopfers leicht zerdrücken, damit das Aroma besser auskocht. **Vanilleschote** längs aufschneiden und das Mark auskratzen. Schote vierteln. Zitronengras mit etwas **Zitronensaft**, 500 ml **Wasser**, **Wein**, Vanilleschote und -mark, **Zucker** sowie **Honig** in einem ausreichend großen Topf zum Kochen bringen und alles etwa 4 Minuten köcheln lassen. Inzwischen die **Aprikosen** waschen, trocken reiben, halbieren und entsteinen. Die Früchte in die vorbereiteten Gläser schichten. Dann mit dem kochenden Sud randvoll auffüllen. Darauf achten, dass die Würzzutaten gleichmäßig in den Gläsern verteilt sind. Gläser mit Gummiringen, Glasdeckel und Klammern verschließen und bei 90 °C etwa 30 Minuten sterilisieren. Erst nach dem vollständigen Abkühlen die Klammern entfernen.
Gut verschlossen, kühl und dunkel gelagert halten die Aprikosen mindestens ein Jahr.

Tannenspitzen-Gelee

4 à 250 ml:

Frische Tannenspitzen gibt es nur im Frühjahr!

600 g Tannentriebe oder frische, hellgrüne Douglasien- oder Fichtentriebe (Maitriebe)
2 Bio-Zitronen
2 große Äpfel
1 Bd. frische Kräuter (Thymian, Salbei, Melisse oder Minze)
1 kg Gelierzucker (1:1)

Die gewaschenen **Triebe** verlesen, die **Zitrone** heiß waschen, trocknen und in dünne Scheiben schneiden. Zusammen in einem großen Topf mit so viel kochendem **Wasser** übergießen, dass sie vollständig bedeckt sind. Zugedeckt an einem kühlen Ort einen Tag lang durchziehen lassen. Dann die Flüssigkeit durch ein Sieb oder Leinentuch abgießen und wiegen. Die Triebe und Zitronenscheiben wegwerfen. Den abgewogenen Sud mit der entsprechenden Menge **Gelierzucker**, den **Kräuterzweigen** und den geschälten, entkernten und geriebenen **Äpfeln** aufkochen. 4 Minuten sprudelnd kochen lassen. Die Kräuterzweige entfernen und das Gelee sofort in heiß ausgespülte Gläser füllen, verschließen und die Gläser auf einem Geschirrtuch umgedreht abkühlen lassen.

Feines Zwetschgenkompott

6 à 300 ml:

2 kg Zwetschgen
1 l Weißweinessig
500 g Zucker
5 Knoblauchzehen
2 TL Lavendelblüten
5 Lorbeerblätter
5 Thymianzweige
5 Rosmarinzweige

Die **Zwetschgen** mit einer Nadel rundum mehrmals einstechen, nach Belieben teilen und Steine entfernen. Zwetschgen, **Essig**, **Zucker** und ungeschälten **Knoblauch** in einem Topf aufkochen, etwa 5 Minuten zugedeckt kochen lassen. In der Zwischenzeit die **Kräuter** grob schneiden.
Die Zwetschgen kochend heiß in sterilisierte Gläser füllen und die Kräutermischung dazwischen legen. Die Gläser sofort verschließen und auf den Kopf stellen. Mit einem Tuch bedecken und langsam auskühlen lassen.
Die Zwetschgen an einem kühlen, dunklen Ort mindestens 2 Wochen ziehen lassen. Sie sind mindestens 6 Monate haltbar.
Die würzigen Zwetschgen passen gut zu gekochtem Fleisch, Schweinebraten oder Geflügel. Sie sind zudem ein unwiderstehliches kulinarisches Geschenk.

Chili-Pfirsiche

4 à 200 ml:

4 große reife Pfirsiche
2 Orangen
1 rote Chilischote
1 Stück frischer Ingwer (3–4 cm)
70 g Zucker
etwas Vanillepuddingpulver

Pfirsiche waschen, entsteinen und würfeln. **Orangen** auspressen. **Chili** längs aufschlitzen, entkernen und fein hacken. **Ingwer** schälen und fein reiben. Alles mit 70 g **Zucker** in einen Topf geben und die Früchte 4 bis 5 Minuten dünsten. Inzwischen 2 ½ EL **Vanillepuddingpulver** mit etwas **Wasser** verrühren und unter das Kompott rühren. Einmal aufkochen und heiß in Twist-Off-Gläser füllen, sofort verschließen, auf den Kopf stellen, mit einem Tuch bedecken und auskühlen lassen.

Süßsaure Radieschen

4 à 250 ml:

375 ml Wasser
200 ml Weißweinessig
150 g flüssiger Honig
1 TL Salz
1 TL grober Pfeffer
2 TL Senfkörner
2 Bund Radieschen (ca. 700 g)

Variante: Wer es schärfer liebt, kann den Sud mit einer kleinen Chilischote und einem Stück Ingwer (ca. 1 cm) aufpeppen.

Alle Zutaten außer den Radieschen in einem Topf unter Rühren aufkochen. Vom Herd nehmen und ca. 10 Minuten ziehen lassen. Inzwischen die **Radieschen** putzen, waschen und in dünne Scheiben schneiden.
In vorbereitete Twist-Off-Gläser verteilen. Den **Essig-Honig-Sud** erneut aufkochen und heiß über die Radieschen gießen. Gläser sofort verschließen und auf den Kopf gestellt abkühlen lassen.
Die süßsauren Radieschen halten sich wenigstens 1 Monat und sind die perfekte Ergänzung für Kartoffel-, Wurst- oder Nudelsalate, schmecken aber auch als Beilage.

Schnelle Sandwich-Pickles

1 à 500 ml:

2–3 kleine Gurken (jeweils etwa 150 g)
1 rote Chilischote
1 Schalotte
2–3 EL Meersalz
2 Nelken
1 TL schwarze Pfefferkörner
1 TL gelbe Senfkörner
1 TL Koriandersamen
1 Zweig Dill
2 Lorbeerblätter
200 ml Weißweinessig
200 ml Wasser
100 g Zucker

Tipp: Sie können Gurken und Gewürze auch auf mehrere kleine Gläser verteilen.

Die **Gurken** mit einem Hobel oder von Hand in nicht zu dünne Scheiben schneiden. Die entkernte **Chilischote** in dünne Scheiben, die geschälte **Schalotte** in Ringe schneiden. Die Gurkenscheiben zum Abtropfen in ein Sieb geben, mit 1 bis 2 EL **Salz** bestreuen, mit den Händen gut durchmengen und mindestens 10 Minuten ziehen lassen. Dann die Gurken unter fließendem, kalten Wasser gründlich abspülen und mit den Händen leicht ausdrücken.
Gurkenscheiben, geschnittene Chili und Schalotte gleichmäßig in ein ausreichend großes sterilisiertes Glas schichten, dabei **Nelken**, **Pfeffer-** und **Senfkörner**, **Koriandersamen** und gezupften **Dill** sowie die **Lorbeerblätter** mit im Glas verteilen.
Weißweinessig, **Wasser**, **Zucker** und 1 TL feines Meersalz aufkochen, sprudelnd in das vorbereitete Glas gießen, alle Zutaten müssen gut bedeckt sein. Das Glas sofort verschließen und mehrmals sanft aufstoßen, damit eingeschlossene Luftblasen entweichen können. Abkühlen lassen. Die Pickles sollten mindestens über Nacht im Kühlschrank durchziehen, nach einigen Tagen schmecken sie auf einem Sandwich oder pur jedoch noch besser. Sie halten sich im Kühlschrank mehrere Wochen.

Piccalilly (pikantes Senfgemüse)

5 à 500 ml:

2 kg gemischtes Gemüse (z.B. Buschbohnen, Staudensellerie, kleine Möhren, Romanesco-Röschen, rote und gelbe Paprikaschoten, Perlzwiebeln, Cornichons)
120 g Meersalz
4 EL Senfpulver
1 EL Kurkuma
½ EL gemahlener Ingwer
½ EL gemahlener Koriander
225 g Zucker
375 ml Wasser
500 ml Weißweinessig
2 EL Speisestärke

Gemüse waschen, putzen und in kleine Stücke schneiden. **Perlzwiebeln** abziehen, **Cornichons** abbürsten. Alles in einer Schüssel mit **Salz** vermischen und zugedeckt über Nacht durchziehen lassen. Das Gemüse in einem Sieb mit kaltem Wasser abspülen und abtropfen lassen. In einen großen Topf geben. In einer Schüssel **Gewürze** und **Zucker** mit **Essig** und 375 ml **Wasser** vermischen und über das Gemüse gießen.
Das Gemüse unter gelegentlichem Rühren aufkochen und 15 Minuten garen. Mit einem Schaumlöffel aus dem Sud heben, kurz abtropfen lassen und locker in sorgfältig gereinigte Gläser füllen.
Den Sud aufkochen. Die **Stärke** mit 2 EL Wasser verrühren und unter den Sud rühren, aufwallen lassen und kochendheiß über das Gemüse gießen. Die Gläser sofort verschließen und 20 Minuten kopfüber auf die Deckel stellen, dann umdrehen und erkalten lassen.
Piccalilly kühl stellen. Es sollte 2 bis 3 Tage ziehen, dann kann es schon probiert werden. Ein Happen englisch-indische Kolonialgeschichte für den Gaumen. Ungeöffnet ist das Senfgemüse 3 bis 4 Monate haltbar.

Peperonata

4 à 750 ml:

2 ½ kg rote, grüne und gelbe Paprikaschoten
150 g Zwiebeln
4 Knoblauchzehen
2 EL Öl
4 Stiele Oregano
2 EL Tomatenmark
3 EL Aceto balsamico bianco
800 ml Gemüsebrühe
4 TL Gelierpulver
1 TL rosenscharfes Paprikapulver
Salz und Pfeffer

Paprikaschoten halbieren, entkernen und in ca. 2,5 cm große Stücke schneiden. **Zwiebeln** würfeln, **Knoblauch** durchpressen.
Öl in einem weiten Topf erhitzen, Zwiebeln, Knoblauch und Paprika darin andünsten. **Oregano** und **Tomatenmark** zugeben und kurz mitdünsten. Mit **Aceto balsamico** ablöschen. **Gemüsebrühe** zugießen und **Gelierpulver** nach Packungsanleitung einrühren. Aufkochen und ca. 5 Minuten köcheln lassen. Mit **Paprikapulver**, **Salz** und **Pfeffer** würzen. Nach Belieben mit dem Mixstab pürieren. In 4 saubere Twist-Off-Gläser füllen und fest verschließen.
Haltbar ist das Ganze ca. 4 bis 6 Monate, wenn die Gläser richtig fest verschlossen sind und kühl stehen. Der Geschmack wird in dieser Zeit immer besser.

Bunte Paprika im Würzsud

4 à 500 ml:

3 kg rote, gelbe und grüne Paprikaschoten
500 ml milder Weißweinessig (5 % Säure)
360 g brauner Zucker
2 TL bunte Pfefferkörner
2 TL Meersalz
4 Thymianzweige

Grill oder Backofen auf höchste Stufe vorheizen. **Paprikaschoten** abspülen, halbieren und mit der Hautseite nach oben auf ein mit Alufolie ausgelegtes Backblech legen. Im Ofen so lange grillen, bis die Paprikahaut Blasen wirft und sich dunkel färbt. Paprikahälften in einen Gefrierbeutel geben, fest verschließen und die Paprikahälften abkühlen lassen. Die schwarze Haut von den Paprikaschoten mit einem Küchenmesser abziehen, Kerne und Trennwände entfernen.

Weißweinessig, **Zucker**, **Pfefferkörner**, **Meersalz**, **Thymianzweige** und etwa 100 ml **Wasser** in einen Topf geben und aufkochen. Paprikahälften lagenweise in die vorbereiteten Gläser schichten, mit der heißen Würzflüssigkeit bedecken und die Gläser verschließen. In den Einkochtopf stellen. Bei 90 °C 15 Minuten sterilisieren.

Sie können die Paprika auch im Backofen einkochen. Dafür den Ofen auf 175 °C vorheizen. Nach dem Perlen auf 125 °C zurückschalten, 1 Stunde sterilisieren, danach bei ausgeschaltetem Ofen 30 Minuten stehen lassen.
Die Paprikahälften schmecken gut in Salaten, als Pizzabelag, als Beilage zu Fleisch, aber auch – mit Olivenöl beträufelt – als Antipasti.

Cocktailtomaten mit Basilikum

4 à 450 ml:

1 kg Cocktail- oder Kirschtomaten
1 Bund Basilikum
3 TL Salz

Gewaschene und entstielte **Tomaten** (sie sollen reif, aber schön fest sein) mit einer Nadel 4 bis 5 Mal anstechen, damit sie beim Einkochen nicht platzen. Außerdem nehmen sie so das Basilikumaroma gut auf. **Basilikum** waschen, trocken schütteln und die Blättchen von den Stängeln zupfen. Tomaten und Basilikum gleichmäßig in die Gläser schichten und jeweils etwa einen ¾ TL **Salz** zugeben. Gläser bis ca. 3 cm unter den Rand mit Wasser auffüllen.

Gläser gut verschließen und in einen passend großen Topf stellen. Dabei die Gläser möglichst auf ein Gitter stellen oder ein Küchentuch auf den Topfboden legen, damit die Gläser keinen direkten Kontakt zum Topfboden haben. Den Topf bis knapp unter den Rand der Gläserdeckel mit kaltem Wasser füllen, langsam aufkochen und zugedeckt mindestens 45 Minuten einkochen. Die Einkochzeit beginnt erst, wenn das Wasser wirklich siedet. Gläser im Topf abkühlen lassen.

Kühl und dunkel gelagert halten sich die Tomaten so mindestens 6 Monate. Sie sind die ideale Basis für Tomatensaucen und -suppen.

Tomatenkonfitüre

2 à 250 ml:

500 g Tomaten
500 g Gelierzucker (1:1)
1 Chilischote
1–2 Gewürznelken

Die **Tomaten** blanchieren, enthäuten, entkernen und vierteln. Die **Chilischote** von den Kernen befreien und sehr fein schneiden. Die Tomaten und Chilischote mit dem **Gelierzucker** mischen und über Nacht im Kühlschrank ziehen lassen.

Am nächsten Tag die **Nelke** dazugeben und unter ständigem Rühren die Konfitüre 4 Minuten sprudelnd kochen lassen. Die Nelke herausnehmen und die heiße Konfitüre sofort in Twist-Off-Gläser füllen und fest verschließen.

Eingelegte Gewürztomaten

1 à 750 ml:

2 rote Chilischoten
2 Vanilleschoten
500 ml Apfelessig
250 g Zucker
3 Sternanis
3–4 Gewürznelken
1 EL Senfkörner
2 Stangen Zimt
3 Thymianzweige
400 g rote Kirschtomaten
400 g gelbe Kirschtomaten

Chilischoten längs halbieren, entkernen und waschen. **Vanilleschoten** längs aufschlitzen. **Essig**, **Zucker**, Chilihälften, Vanilleschoten und die **Gewürze** in einem Topf aufkochen, dann offen bei mittlerer Hitze 6 bis 8 Minuten sprudelnd kochen lassen.
Die **Tomaten** heiß waschen, mit einer Nadel rundum einstechen und in ein heiß ausgespültes Twist-Off-Glas oder ein Glas mit Kippdeckel und Verschluss geben. Den heißen Sud über die Tomaten gießen. Das Glas fest verschließen. Im Kühlschrank abkühlen und mindestens 2–3 Tage marinieren lassen.
Passen zu Pasta oder schmecken als Tapa mit geröstetem Weißbrot.

Scharfe Paprikamarmelade

3 à 500 ml:

5 Zwiebeln
1 kg rote Paprikaschoten
5 Knoblauchzehen
2 EL Olivenöl
250 ml Weißweinessig
200 g weißer Zucker
100 g brauner Zucker
5 frische Chilischoten
1 TL Salz

Zwiebeln schälen und in Würfel schneiden. **Paprikaschoten** waschen, halbieren, Kerne und weiße Häutchen entfernen und die Paprika dann in kleine Stücke schneiden. **Knoblauch** abziehen und ebenfalls in Würfel schneiden.
Olivenöl in einem Topf erhitzen und die Zwiebelwürfel darin glasig dünsten. Die Paprikastücke zugeben und anschmoren. Dann den Knoblauch zugeben, darauf achten, dass er nicht braun wird, sonst schmeckt er bitter. Mit dem **Essig** ablöschen, die restlichen Zutaten zufügen und dicklich einköcheln lassen. Wer möchte, kann die Masse noch pürieren.
Den Paprikaaufstrich heiß in vorbereitete, sterilisierte Twist-Off-Gläser füllen und sofort verschließen.

Feuriger Knoblauch

2 à 250 ml:

8 Knoblauchknollen
½ Bd. Kräuter der Provence
1 Lorbeerblatt
1 rote Peperoni
½ TL getrocknete Lavendelblüten
1 EL Zucker
1 EL Salz
1 EL bunte Pfefferkörner
1 TL Pimentkörner
¼ l trockener Weißwein
¼ l Weißweinessig
¼ l Olivenöl

Als erstes die Gläser zum Einlegen vorbereiten, sie müssen absolut sauber sein, bevor der Knoblauch hineinkommt. Am besten eignen sich Gläser mit Schnappverschluss und Gummiringen.
Knoblauchzehen abziehen, große eventuell halbieren. Die frischen **Kräuter** waschen und trocken schütteln. Harte Stiele entfernen und die Blättchen bzw. Nadeln grob hacken. Mit den anderen **Kräutern**, **Gewürzen** und **Zucker** mischen. **Wein**, **Essig** und **Öl** mischen und in einem Topf erhitzen, 1 Minute aufkochen, dann den vorbereiteten Knoblauch zugeben und alles 5 Minuten durchkochen. Knoblauchzehen mit einem Schaumlöffel herausnehmen und auf die vorbereiteten Gläser verteilen. Sud nochmals aufkochen und in die Gläser gießen. Der Knoblauch muss komplett bedeckt sein. Gläser sofort verschließen.

Hinweis: Der Würzknoblauch sollte mindestens zwei Wochen an einem kühlen, dunklen Ort ziehen.
Er ergänzt raffiniert Braten und Gemüse, schmeckt aber auch zu Käse oder einfach pur. Den Würzsud können Sie für Salate und Saucen verwenden. Geöffnete Gläser kühl aufbewahren und zügig verbrauchen.

Traubenkonfitüre mit Bergamotte

4 à 350 ml:

400 g helle Weintrauben
1,2 kg Weinbergpfirsiche
500 g Gelierzucker (2:1)
Saft von 2–3 Zitronen
1 Zweig Estragon
3–5 Tropfen reines Bergamotte-Öl

Trauben abzupfen, waschen, halbieren und eventuell entkernen. **Pfirsiche** blanchieren, die Haut abziehen, halbieren und entsteinen. Fruchtfleisch fein würfeln und mit den Trauben mischen. 1 kg der Fruchtmischung abwiegen und mit dem **Gelierzucker** in einem Topf verrühren. Mindestens 3 Stunden durchziehen lassen.
Zitronensaft und abgezupfte **Estragonblättchen** unter den Ansatz mischen. Zum Kochen bringen und 4 Minuten sprudelnd kochen. **Bergamotte-Öl** einrühren. Gelierprobe machen und Konfitüre heiß in die vorbereiteten Twist-Off-Gläser füllen. Sofort verschließen und auf dem Kopf stehend etwa 10 Minuten abkühlen lassen.

Hinweis: Bergamotte-Öl gibt es in gut sortierten Bioläden, Reformhäusern und Apotheken, eventuell vorher bestellen.

Chili-Quitten

2 à 300 ml:

500 g Quitten
300 ml Wasser
150 g Zucker
1 rote Chilischote
1 Lorbeerblatt
1 Limette
1 TL Meersalz
1 TL Salz

Die **Quitten** mit einem trockenen Küchentuch abreiben und waschen. Die Früchte schälen, vierteln, entkernen und abschließend würfeln. (Aus den Schalen und Kernen kann man einen Likör ansetzen.)
Die Quitten mit den übrigen Zutaten aufkochen, bei schwacher Hitze kochen, bis die Quitten weich sind. Die Chili-Quitten in vorgewärmte Twist-Off-Gläser füllen, sofort verschließen.

Hinweis: In Gärten findet man oft die beliebten Zierquitten, die zwar nicht giftig, aber nicht unbedingt für die Rezepte geeignet sind. Wenn Sie keine Quitten zum Selbstpflücken finden, werden Sie bestimmt in einer türkischen oder italienischen Lebensmittelhandlung fündig.

Raffiniertes Sanddorngelee

3 à 200 ml:

500 g Sanddornbeeren
475 g Gelierzucker (1:1)
50 ml Orangensaft

Tipp: Wer möchte, kann einige kleingeschnittene kandierte Orangenstücke mit dem Saft zum Beerenmus geben.

Die **Sanddornbeeren** in einer großen Schüssel vorsichtig waschen, behutsam in ein großes Sieb schütten und gut abtropfen lassen. Anschließend in einen großen Topf geben bei niedriger Temperatur so lange kochen, bis sie weich sind und im eigenen Saft zerfallen (ca. 20 Minuten).
Die weichen Beeren durch ein feines Sieb in einen separaten Topf streichen und das so erhaltene Beerenmus gut mit dem **Zucker** vermischen. Unter Rühren langsam bei mittlerer Hitze aufkochen und ca. 5 Minuten kochen lassen. Gelierprobe machen und eventuell 1 bis 2 Minuten lang weiterkochen, bis die Marmelade die gewünschte Konsistenz zeigt. Währenddessen mittelgroße Gläser mit heißem Wasser gründlich ausspülen und auf einem frischen Geschirrtuch kopfüber abtropfen lassen. Mit den dazugehörigen Deckeln genauso verfahren. Sobald die Gelierprobe gelingt, den Topf vom Herd nehmen, den **Orangensaft** gut unterrühren und die Marmelade in die bereitgestellten Gläser füllen. Deckel sofort fest verschließen und die Marmelade kopfüber stehend abkühlen lassen.

Senffrüchte vom Kap

4 à 300 ml:

600 g getrocknetes Obst (z. B. Mangos, Äpfel, Birnen, Aprikosen, Pfirsiche ... der Phantasie sind keine Grenzen gesetzt)
8 Knoblauchzehen
1 EL Senfpulver
6 getrocknete Chilis
250 ml Weißweinessig
1 TL Kurkuma
4 TL Salz
250 ml Olivenöl (kalt gepresst)
1 EL schwarze Pfefferkörner
2–3 Gewürznelken
125 ml Fruchtsirup (Fertigprodukt)

Die **Trockenfrüchte** in etwa 5 mm breite Streifen schneiden. **Knoblauch** abziehen und halbieren. Das **Senfpulver** in eine Schüssel geben, die **Chilischoten** fein zerreiben und zugeben. Mit dem **Essig** verrühren. **Kurkuma** und **Salz** einstreuen und das **Öl** nach und nach unterschlagen. **Pfefferkörner** zerdrücken und mit den **Nelken** zum Ansatz geben. Zuletzt den **Sirup** unterrühren, so dass eine geschmeidige Sauce entsteht. Früchte und Knoblauch in die Würzmarinade geben und alles gründlich mischen, dann auf Twist-Off-Gläser verteilen, verschließen und in den Kühlschrank stellen. Mindestens eine Woche durchziehen lassen, zwischendurch immer wieder schütteln.

Mediterraner Salat

4 à 450 ml:

3 Zucchini
1 Aubergine
1 gelbe Paprikaschote
1 rote Paprikaschote
2 Zwiebeln
2 Knoblauchzehen
2–3 EL Olivenöl
Salz
Pfeffer
Balsamico di Modena
Zucker

Das gewaschene und geputzte **Gemüse** in 5 cm lange und 1 cm breite Streifen schneiden und zusammen mit den geschälten, in Spalten geschnittenen **Zwiebeln** und dem gehackten **Knoblauch** in **Olivenöl** bissfest garen. **Salzen**, **pfeffern** und mit etwas **Balsamico** ablöschen. Mit **Zucker** abschmecken.

Der Salat schmeckt zwar lauwarm köstlich, aber Sie sollten ihn in Einmachgläser füllen und bei 80 °C 15 Minuten einkochen. So hält er sich 1 Jahr und bringt im Winter Urlaubsfeeling auf die Teller.

Blutorangenkonfitüre mit grünem Pfeffer

4 à 250 ml:

350 g Zucker
1 Beutel Gelierpulver (3:1, 25 g)
16 Blutorangen
1 TL getrocknete grüne Pfefferkörner
4 EL Orangenlikör

Zucker und **Gelierpulver** in einem Topf mischen. 8 **Blutorangen** so schälen, dass die weiße Haut vollständig entfernt wird. Filets vorsichtig zwischen den Trennhäuten herausschneiden und grob in Stücke schneiden. Weitere 8 Blutorangen auspressen. Fruchtfilets und **Blutorangensaft** mit dem Zucker mischen. Getrocknete grüne **Pfefferkörner** am besten in einem Mörser grob zerstoßen und zugeben. Unter Rühren mit einem Holzlöffel aufkochen und 3 Minuten sprudelnd kochen lassen. Die Konfitüre abschäumen und die Gelierprobe machen. **Orangenlikör** untermischen. In saubere Twist-Off-Gläser füllen.

Pikantes Apfel-Curry-Mus

2 à 200 ml:

2 säuerliche Äpfel
8–10 EL Orangensaft
2 EL Currypulver
Salz
Chilipulver oder Cayennepfeffer

Die **Äpfel** schälen und das Kerngehäuse entfernen. Dann in Würfel schneiden und mit dem **Orangensaft** in einen Topf geben. Mit **Curry** und **Salz** würzen. Unbedingt abschmecken, um die richtige Schärfe zu treffen. Apfelstücke zum Kochen bringen und langsam weich kochen. Noch heiß pürieren und mit **Chili** oder **Cayennepfeffer** sowie eventuell nochmals Curry scharf abschmecken. Heiß in vorbereitete Twist-Off-Gläser füllen, sofort verschließen und gestürzt auskühlen lassen.

Gewürzfenchel

3 à 500 ml:

1 kg Fenchelknollen
750 ml Wasser, 1 TL Salz
3/8 l Weißweinessig
60 g Zucker
100 g kleine weiße Zwiebeln (Schalotten)
3 Knoblauchzehen
2 kleine rote Chilischoten
2 Blüten Sternanis (ersatzweise 1 TL Anissamen)
1 TL schwarze Pfefferkörner
1 Lorbeerblatt
1 Bio-Orange

Den **Fenchel** reinigen und je nach Größe achteln oder vierteln. ¾ Liter **Wasser** mit 1 Teelöffel **Salz** aufkochen und den Fenchel darin 10 Minuten blanchieren, eiskalt abschrecken. Das Fenchelwasser auffangen.
¼ Liter Fenchelwasser mit **Essig** und **Zucker** aufkochen. **Zwiebeln** und **Knoblauch** schälen, in Scheiben schneiden und mit den entkernten **Chilischoten**, den **Gewürzen** und dem **Lorbeerblatt** in den Sud geben, kurz aufkochen.
Die **Orange** heiß abwaschen, in dünne Scheiben schneiden und dabei die Kerne entfernen.
Twist-Off-Gläser gründlich säubern. Den Fenchel abwechselnd mit Zwiebeln, Knoblauch, Orangenscheiben und Gewürzen einschichten und den heißen Sud darüber gießen, sofort verschließen und 3 Tage kühl stellen. Hält sich gut verschlossen 2 bis 3 Wochen im Kühlschrank. Vor dem Servieren den Fenchel abtropfen lassen und auf einer Platte anrichten.

Würzige Zucchini

6 à 500 ml:

1 kg gelbe Zucchini
1½ kg grüne Zucchini
250 g Schalotten
2 TL Salz
200 ml Weißweinessig
800 ml Wasser
1 EL Honig
2 EL Läuterzucker
1 TL Salz
2 Lorbeerblätter
4 Wacholderbeeren
3 Pimentkörner
1 Zimtstange
½ TL gelbe Senfkörner
1 TL getrocknete Dillspitzen
1 TL getrocknete Chiliflocken
½ TL Einmachhilfe

Die **Zucchini** mit einem Sparschäler schälen. Kerngehäuse mit einem Löffel auskratzen, dabei alles Weiche entfernen. Die Zucchini in Scheiben oder in lange, nicht zu dünne Streifen schneiden. Die **Schalotten** häuten und in Ringe schneiden. Zucchinistreifen und Schalottenringe in eine Schüssel geben, **Salz** darüber streuen und alles gut mischen. Abgedeckt etwa 3 Stunden marinieren.

In der Zwischenzeit die Twist-Off-Gläser mit Deckel gründlich säubern und bereitstellen. Nach der Marinierzeit die Zucchini in ein Sieb geben und mit kaltem Wasser abspülen, abtropfen lassen.

Weißweinessig und **Wasser** mischen und mit Salz in einen größeren Topf geben, aufkochen. Im kochenden Sud die abgetropften Zucchini erhitzen, in das Sieb zurückgeben, abtropfen lassen und dann locker in die Gläser füllen.

Den Zucchini-Sud mit **Honig**, **Zucker** und allen **Kräutern** ca. 10 Minuten sprudelnd kochen lassen. Zum Ende der Kochzeit die **Einmachhilfe** zugeben und verrühren. Mit Hilfe eines Einfüllstutzens den heißen Sud durch ein Sieb – randvoll – in die Gläser füllen.

Die heißen Gläser sofort mit dem Twist-Off-Deckel verschließen. Darauf achten, dass die Glasränder nicht mit dem Sud benetzt wurden (Inhalt verdirbt sonst).

Alles richtig gemacht? Dann halten die Gläser über den ganzen Winter, wenn der Inhalt nicht vorher einfach aufgegessen wird.

Zucchini nach asiatischer Art

3 à 500 ml:

500 g Zucchini
1 große rote Zwiebel
3 Spitzpaprika (gelb, rot, orange oder grün)
300 ml Weinessig
500 ml Wasser
4 Lorbeerblätter
3 TL Senfkörner
1 TL Wacholderbeeren
1 TL Pfefferkörner
4 Knoblauchzehen
3 EL Asia Sweet Chili Sauce (Fertigprodukt)
1 TL Sambal Oelek
½ TL Kurkuma

Gemüse waschen, putzen und in Würfel schneiden. Kerngehäuse und weiße Häutchen der **Paprika** entfernen. **Wasser** und **Essig** mischen und in einem Topf mit den **Gewürzen** sowie dem abgezogenen und in Scheiben geschnittenen **Knoblauch** zum Kochen bringen. Die **Chili Sauce** und **Sambal-Oelek** einrühren, weitere 4 Minuten kochen lassen. Gemüse zugeben, wieder aufkochen und wiederum 4 bis 6 Minuten kochen.
Gläser und Deckel heiß ausspülen, umdrehen und abtropfen lassen.
Dann mit einer Schöpfkelle die Gläser randvoll mit dem kochend heißen Gemüse und Sud auffüllen. Sofort verschließen und auf dem Kopf stehend abkühlen lassen.

Auberginen-Paprika-Pickles

4 à 350 ml:

450 g Auberginen
Meersalz
2 große Paprikaschoten
2 Knoblauchzehen
300 ml Weinessig
150 ml Wasser
300 ml Olivenöl
½ Bund Basilikum
6 Sardellenfilets
3 TL getrocknete, gesalzene Kapern
1 TL Pfefferkörner

Auberginen putzen, längs in dicke Streifen schneiden. Mit **Salz** bestreuen und in eine längliche Form schichten, abdecken und mit einem Brett und Topf oder ähnlichem beschweren. Mindestens 2 Stunden durchziehen lassen.
Paprika halbieren, putzen, im Ofen bei höchster Temperatur grillen, bis die Schale Blasen wirft. Herausnehmen, mit einem feuchten Tuch oder Küchenpapier bedecken und abkühlen lassen.
Knoblauch abziehen, in feine Scheiben schneiden. In einem weiten Topf **Essig** und 150 ml **Wasser** aufkochen. Auberginen gründlich abspülen, ausdrücken und mit dem Knoblauch ca. 1 Minute im Essigsud blanchieren. Gut abtropfen und auf Küchenpapier legen. Antrocknen lassen. Eventuell etwas ausdrücken.
Inzwischen Paprika häuten und in schmale Streifen schneiden. Die trockenen Auberginen fein würfeln,
Etwas **Öl** in die vorbereiteten Gläser geben. Die Auberginen, Paprika, **Basilikum**, die **Sardellenfilets** (aus dem Glas), **Kapern**, **Pfefferkörner** und Knoblauch einschichten. Zwischendurch immer wieder Öl angießen. Darauf achten, dass die Zutaten ohne große Zwischenräume in die Gläser kommen, dafür immer wieder mit einem (abgekochten) Löffel vorsichtig, aber fest andrücken. Es soll keine Luft zwischen den Zutaten im Glas sein. So viel Öl aufgießen, dass alles gut bedeckt ist. Gläser fest verschließen und mindestens 2 Wochen ruhen lassen.

Die Auberginen schmecken pur als Tapas, aber auch als Beilage zu Fleisch und geben Reissalaten und Couscous eine würzige Note. Die Pickles halten sich verschlossen mehrere Monate.

Vogelbeer-Holunder-Konfitüre

4 à 300 ml:

500 g reife Holunderbeeren
100 g Vogelbeeren
400 g reife Birnen
1 Zitrone
1 kg Gelierzucker (1:1)

Obst waschen und abtropfen lassen. **Holunderbeeren** und **Vogelbeeren** mit einer Gabel abzupfen. **Birnen** schälen, Kerngehäuse entfernen und Birnen klein schneiden. Alle Früchte zusammen in einen Topf geben und mit dem ausgepressten Saft der **Zitrone** beträufeln. Etwas **Wasser** zugeben und zugedeckt weich dünsten, öfters umrühren und die Früchte dabei leicht zerdrücken. Den **Gelierzucker** zugeben und weitere 4 Minuten kochen lassen.
Heiß in vorbereitete Twist-Off-Gläser füllen und sofort verschließen.

Vogelbeer-Apfel-Marmelade

4 à 300 ml:

600 g Vogelbeeren
1 kg Zucker (extra fein)
375 g säuerliche Äpfel
5 g Zitronensäure
180 ml Gin

Vogelbeeren gründlich waschen und abtropfen lassen, erst danach mit einer Gabel von den Rispen streifen. Die entstielten Beeren abwiegen und in einer Schüssel leicht zerdrücken. 500 g **Zucker** zugeben, gut vermischen und etwa 1 Stunde Saft ziehen lassen. Inzwischen die **Äpfel** schälen, das Kerngehäuse entfernen, dann Äpfel klein schneiden. Wenn die Beeren ausreichend Saft gezogen haben, alles mischen und mit dem restlichen Zucker unter Rühren musig kochen. Nach dem ersten Aufkochen die **Zitronensäure** einrühren und die Marmelade noch knapp eine weitere Minute wallend kochen lassen. Vom Herd nehmen und den **Gin** bis auf einen kleinen Rest dazugeben. Die Marmelade in sehr heiß ausgespülte und gut getrocknete Gläser füllen. Pergamentpapier auf die Größe des Innendurchmessers des Glases schneiden, mit dem restlichen Gin tränken und auf die Marmelade legen. Gläser verschließen und kühl und dunkel aufbewahren.

Holunder-Gewürz-Sirup

4 à 250 ml:

3 kg Holunderbeeren
10 Korianderkörner
1 Zimtstange
2 Sternanis
1 Pck. Zitronensäure
1 EL geriebene Zitronenschale
1500 g Zucker

Die verlesenen und gewaschenen **Beeren** mit den **Gewürzen** in einen Topf geben. Mit Wasser aufgießen, bis sie knapp bedeckt sind, und 30 Minuten köcheln lassen. Anschließend durch ein Tuch über Nacht abtropfen lassen. Am nächsten Tag zu Sirup einkochen. Hierfür Saft 1:1 mit **Zucker** mischen (1 Liter Saft auf 1 kg Zucker), Saft daher vorher nochmals abmessen. Sirup noch heiß in saubere Flasche füllen.

Tipp: Der Sirup schmeckt perfekt zu Eis oder Pudding. Mit kaltem Mineralwasser oder Milch gemischt, ist er eine leckere Erfrischung. Man kann ihn auch für Mixgetränke nutzen oder mit Sekt aufgießen.

Vitamine pur

4 à 300 ml:

500 g Holunderbeeren
300 g Vogelbeeren
100 g Hagebutten
1 kleine Banane (ca. 100 g)
½ Bio-Zitrone
2 Pck. Vanillezucker
1 Pk. Zitronensäure
1 TL gemahlener Zimt
½ TL Nelkenpulver
125 ml Wasser
500 g Gelierzucker (2:1)

Die **Wildfrüchte** abwaschen, entstielen und von der Blüte befreien. Kerne brauchen nicht entfernt werden. Zusammen mit dem **Wasser** und **Zimt**, **Nelke**, **Zitronensäure**, **Zitrone** und **Vanillezucker** in einem Topf ansetzen und ca. 15 bis 20 Minuten köcheln lassen. Dann alles durch ein Sieb passieren, zu Mus verarbeiten und wieder in den Topf zurückgeben. Jetzt die in Scheiben geschnittene **Banane** und den **Gelierzucker** zum Mus geben und weitere 4 Minuten unter Rühren köcheln lassen.
Die gesäuberten und heißen Twist-Off-Gläser mit den heißen Deckeln bereithalten, Konfitüre abfüllen, sofort verschließen.
Alle Wildfrüchte haben einen hohen Anteil an Vitamin C. Die einzelnen Anteile können variiert und die Banane weggelassen werden.

Wildfrüchte gewinnen wieder mehr und mehr Liebhaber. Kein Wunder, sind die meisten von ihnen doch wahre Vitaminbomben. Zudem sind weitaus mehr essbar als der Großstädter vermutet. Aber Vorsicht: Die meisten sind nicht unbedingt zum Rohverzehr geeignet, glücklicherweise hat die Natur hier mit Bitterstoffen oder ausreichend Säure eine natürliche Grenze gesetzt. Aber gekocht und mit den richtigen Zutaten bringen sie neue Geschmackserlebnisse auf unseren Speisezettel. Es lohnt also, bei einem Spaziergang die Beeren zu sammeln und zu pikanten Leckereien zu verarbeiten.

Pikant eingelegte Zitrusfrüchte

4 à 300 ml:

2 Bio-Zitronen
2 Bio-Limetten
2 Bio-Orangen
ca. 6 Bio-Kumquats
ca. 6 Bio-Limequats
Meersalz
frische Zitronenthymianzweige
frische Rosmarinstängel
getrocknete Chiliflocken
1 EL rote Pfefferkörner
ca. 1 Fl. Olivenöl

Die großen **Zitrusfrüchte** gründlich waschen und abtrocknen. Nun in Spalten oder nicht zu dicke Scheiben schneiden. Die **Kumquats** und **Limequats** halbieren. Die Früchte in eine Schüssel schichten, dabei das **Salz** immer in jede neue Lage streuen. Das Ganze einen Tag gut abgedeckt an einem kühlen Ort ziehen lassen.
Die Fruchtstücke nach der Ruhezeit in einem Sieb gut mit kaltem Wasser abspülen und mit Küchenpapier trocken tupfen. Die gesalzenen Früchte in vorbereitete, saubere Gläser füllen, dabei immer wieder **Thymian**, **Rosmarin**, **Chili** und rote **Pfefferkörner** je nach Geschmack einstreuen (es eignen sich auch Zitronenmelisse und Lavendelblüten). Das Ganze zum Schluss mit reichlich **Olivenöl** aufgießen – und zwar so, dass alles bedeckt ist. An einem kühlen, dunklen Ort mindestens 14 Tage ruhen lassen.
Die Zitrusfrüchte sind ca. 6 Monate haltbar, sie müssen immer gut mit Öl bedeckt sein.

Diese eingelegten Zitrusfrüchte schmecken lecker zu Gegrilltem, Zitronenhähnchen und Fisch. Die Früchte schmecken nach dem Einsalzen zwar scheußlich, aber dieser Geschmack sagt nichts über das Endprodukt aus. Wer keine unbehandelten Früchte bekommt, kann ganz „normale" Zitrusfrüchte kaufen. Diese mit Pflanzenöl abreiben (löst die Wachse und Pflanzenschutzmittel) und dann mit sehr heißem Wasser gut abwaschen.

Würzige Datteln

3 à 200 ml:

500 g Datteln (keine getrockneten verwenden)
½ EL Meersalz
300 ml Weißweinessig
6 schwarze Pfefferkörner
6 Gewürznelken
½ Zimtstange

Die **Datteln** halbieren und entsteinen. Wenn sich die Haut gut ablösen lässt, auch häuten. Anschließend auf einem Brett auslegen und das **Salz** großzügig darüber verteilen. Die Datteln in Gläser schichten.
Die **Gewürze** grob mörsern und trocken anrösten. Mit dem **Essig** ablöschen und den Sud aufkochen lassen. Den heißen Sud in die Gläser füllen. Darauf achten, dass die Gewürze einigermaßen gleichmäßig aufgeteilt werden. Die Datteln sollten komplett mit dem Sud bedeckt sein. Die Twist-Off-Gläser sofort verschließen und auf dem Deckel stehend auskühlen lassen.
Die Datteln müssen mindestens 2 Wochen durchziehen. Die Haltbarkeit beträgt 3 bis 6 Monate. Die würzigen Datteln schmecken sehr gut zu Käse und sind ein schönes, kulinarisches Geschenk.

Verführung kann so lecker sein

Haltbare Kleinigkeiten

Da ist noch ein halbes Bund Kräuter übrig und droht zu verwelken oder niemand hat mehr Lust auf den dritten Tomatensalat in Folge. Vielleicht auch hat die nette Nachbarin eine Schüssel Pflaumen vorbei gebracht, auf die Sie so gar keinen Appetit haben ... Zum Glück gibt es auch für kleine Mengen und Reste tolle Ideen diese haltbar zu machen. Und das Beste daran ist, dass Sie mit Chutney und Co., Würzsalz und Aufstrichen gleich ein kleines Geschenk zur Hand haben, mit dem Freundschaft wahrlich durch den Magen geht.

Bärlauchgelee

4 à 250 ml:

100 g frischer Bärlauch
800 ml Apfelsaft
500 ml Weißwein (Riesling)
500 g Gelierzucker (1:3)

Den gewaschenen und abgetropften **Bärlauch** mit **Apfelsaft** und **Weißwein** in einen großen Topf geben und über Nacht stehen lassen. Am nächsten Tag alles zusammen aufkochen, von der Herdplatte nehmen und abkühlen lassen.

Den Bärlauch aus dem Sud nehmen. Wer möchte, kann den Sud nun noch durch einen feinen Filter laufen lassen. Die abgekühlte Flüssigkeit mit dem **Gelierzucker** vermischen und nach Packungsangabe aufkochen. Nach erfolgreicher Gelierprobe in heiß ausgespülte Gläser abfüllen und verschließen. Die Gläser auf den Kopf stellen und abkühlen lassen.

Das Gelee hat einen dezenten Bärlauchgeschmack und passt gut zu Käse, aber auch Geflügel.

Bärlauchkapern

1 à 200 ml:

70 g geschlossene Bärlauchblütenknospen
1 TL Zucker
150 ml weißer Balsamicoessig
50 ml Wasser
1 TL Salz

Die **Bärlauchknospen** vom Stiel trennen, dabei ein paar Millimeter vom Stiel stehen lassen. In ein Glas legen. In einem Topf den **Zucker**, ohne zu rühren, karamellisieren. Dann mit **Essig** und **Wasser** ablöschen. **Salz** zugeben. Kurz aufkochen und den Sud kochend heiß über die Knospen gießen. Das Glas sofort verschließen. Einige Wochen ziehen lassen. Passt zu den verschiedensten Salaten.

Kirsch-Chutney

2 à 300 ml:

500 g Kirschen (am besten schmeckt es, wenn Süß- und Sauerkirschen gemischt werden)
50 g Zucker
1 Stück frischer Ingwer (ca. 1 cm)
schwarzer Pfeffer
1 TL Zimt
3 EL Weißweinessig

Die **Kirschen** waschen und entsteinen. Mit dem **Zucker** zum Kochen bringen. Wenn Sie Süß- und Sauerkirschen mischen eventuell die Zuckermenge etwas erhöhen. Den geschälten **Ingwer** in feine Würfelchen schneiden und dazugeben. Mit **Pfeffer**, **Zimt** und **Essig** abschmecken. Das Chutney unter Rühren dick einkochen. Die Kirschen sollten zerfallen sein und wenig Flüssigkeit enthalten. Vorsicht: Brennt leicht an!
In saubere Gläser füllen, verschließen und die Gläser auf den Kopf stellen, bis sie abgekühlt sind.
Dieses Chutney schmeckt besonders gut zu Ziegenfrischkäse und Blauschimmelkäse, ergänzt aber auch Wildgerichte und Wildgeflügel optimal.

Erdbeersenf

2 à 250 ml:

100 g gelbe Senfsamen
300 g Erdbeeren
100 g Rohrzucker
100 ml Weißweinessig oder Apfelessig
4 EL dunkler Balsamico-Essig

Die **Senfsamen** möglichst fein mahlen. Die **Erdbeeren** waschen, putzen und vierteln.
Die Erdbeeren mit dem **Zucker** mischen und 5 bis 8 Minuten breiartig einkochen lassen. Diesen Brei pürieren und mit dem gemahlenen Senf, dem hellen **Essig** und dem dunklen **Balsamico** vermischen.
Den Senfansatz über Nacht ziehen lassen und dann in zwei saubere und ausgekochte Gläser füllen.
Den Erdbeersenf am besten etwa 2 Wochen an einem kühlen, dunklen Ort ziehen lassen.

Holunderblütengelee

4 à 200 ml:

25 Holunderblüten
1 l Wasser
Saft einer halben Zitrone
Gelierzucker (2:1)

Die **Holunderblüten** vom Stiel entfernen und mit **Wasser** und **Zucker** aufkochen. Je nach Angaben auf der Packung des Gelierzuckers weiterkochen. Die meisten Blüten heraussieben, nur noch einzelne zur Zierde im Gelee lassen. **Zitronensaft** einrühren und noch heiß in Gläser füllen.

Stachelbeer-Lavendel-Chutney

4 à 300 ml:

500 g rote Stachelbeeren
200 g Zwiebeln
1 EL Sonnenblumenöl
75 ml weißer Balsamicoessig
1 EL Honig
½ TL getrocknete Lavendelblüten
1 Prise gemahlener Zimt
1 Prise Piment
1 Stück frischer Ingwer (ca. 1 cm)
200 ml trockener Rotwein
Salz
Pfeffer aus der Mühle

Die **Stachelbeeren** waschen, putzen und klein schneiden. Die **Zwiebeln** abziehen, fein würfeln und in einem Topf mit etwas **Öl** glasig schwitzen. Die Stachelbeeren, den **Essig**, **Honig**, **Lavendel**, **Zimt**, geschälten und fein geriebenen **Ingwer** sowie den **Wein** zugeben und bei mittlerer Hitze ca. 45 Minuten unter gelegentlichem Rühren köcheln lassen. Bei Bedarf noch etwas Wasser zugießen. Das Chutney abschmecken, heiß in vorbereitete Twist-Off-Gläser füllen, fest verschließen und auskühlen lassen.

Liebstöckel-Paste

3 à 300 ml:

700 g Liebstöckelblätter
(Maggikraut)
100 g Meersalz oder
Himalaya-Salz

Die **Liebstöckelblätter** waschen, trocknen und mit dem Pürierstab zerkleinern. **Meer-** oder **Himalaya-Salz** dazugeben und alles gut vermengen, bis sich das Salz gelöst hat.
In Gläser oder in einen Topf mit Deckel abfüllen, verschließen und an einem kühlen, dunklen Ort aufbewahren.

Hinweis: Die Paste hält sich durch das Salz mehr als ein Jahr. Das Mischverhältnis sollte immer 7 : 1 betragen. Also 7 Teile Blätter und 1 Teil Salz.

Tomaten-Oregano-Pesto

2 à 200 ml:

250 g getrocknete Tomaten in Öl
50 g frische Oreganoblätter
3 Knoblauchzehen
4 EL Tomatenmark
250 ml Olivenöl
Meersalz
schwarzer Pfeffer

Tomatenstücke, **Oregano** und abgezogenen **Knoblauch** hacken. Die Zutaten zusammen mit dem **Tomatenmark** und dem **Olivenöl** in den Mixer geben und alles zu einer Paste pürieren. Mit **Salz** und **Pfeffer** abschmecken.
Das Pesto in kleine Gläser geben und obenauf einen Spiegel aus **Olivenöl** gießen. Die Gläser im Kühlschrank aufbewahren.
Dieses sehr pikante Pesto kann mit Spaghetti, gegrillten Gemüsen, aufs Brot oder in einer Vinaigrette verwendet werden.

Hinweis: Ein selbst gemachtes Pesto hält sich in gut verschlossenen Gläsern an einem dunklen, kühlen Ort (Kühlschrank) gut 1 Jahr.

Bohnen-Chutney

4 à 200–250 ml:

1,2 kg frische grüne Bohnen
2 Zwiebeln
3 Knoblauchzehen
2 EL Sonnenblumenöl
70 g Zucker
1 Bd. frisches Bohnenkraut
100 ml Weißweinessig
400 ml Gemüsebrühe

Die **Bohnen** waschen, putzen und in 2 cm lange Stücke schneiden. Die **Zwiebeln** und den **Knoblauch** abziehen und in feine Würfel schneiden. In einem Topf das **Öl** erhitzen und die Zwiebel- sowie Knoblauchwürfel 1 bis 2 Minuten glasig anschwitzen. Die Bohnen, den **Zucker** und das **Bohnenkraut** zufügen und unter Rühren 2 bis 4 Minuten mitschwitzen. Mit **Essig** ablöschen und mit der **Brühe** aufgießen, dann weitere 10 bis 15 Minuten bei mittlerer Hitze köcheln lassen. Das Chutney in heiß ausgespülte Gläser füllen, fest verschließen und kühl stellen.

Estragon-Chutney

3 à 200 ml:

375 g Gemüsezwiebeln
40 g getrocknete Äpfel
1 TL Senfkörner
1 TL Koriandersaat
300 g Honig
100 ml Apfelessig
Salz
4 EL grobkörniger Senf
ca. 12 Stiele Estragon

Zwiebeln schälen und in Stücke schneiden. **Äpfel** würfeln. Beides mit **Senfkörnern**, **Koriander**, **Honig**, **Essig** und etwas **Salz** bei starker Hitze so lange einkochen lassen, bis die Mischung eine Sirup ähnliche Konsistenz hat (dauert ca. 50 Minuten). Nach 45 Minuten 2 Esslöffel **Senf** und 6 Stiele fein geschnittenen **Estragon** untermischen. Chutney heiß in Twist-Off-Gläser füllen, sofort verschließen und auf den Kopf gestellt abkühlen lassen.
Schmeckt hervorragend zu Rindfleisch, passt aber auch gut zu Hähnchen und Fisch.

Relish provençal

2 à 450 ml:

1 kleine Zucchini
1 kleine Aubergine
1 kleine gelbe Paprika
1 kleine grüne Paprika
2 Fleischtomaten
1 große Zwiebel
3 Knoblauchzehen
4 Thymianzweige
1 Rosmarinzweig
100 ml Olivenöl
1 EL Zitronensaft
Salz
Pfeffer

Die **Zucchini** und **Aubergine** waschen, trocken reiben, beides längs vierteln und in Scheiben schneiden. Die **Paprikaschoten** waschen, halbieren, putzen und in schmale Streifen schneiden. Die **Tomaten** waschen, halbieren, entkernen und das Fruchtfleisch hacken. Die **Zwiebel** und den **Knoblauch** schälen und beides fein hacken. **Thymian** und **Rosmarin** waschen und trocken schütteln.

Das **Öl** in einem Topf erhitzen und alle Gemüse zusammen darin andünsten. Die Kräuter zugeben, **salzen**, **pfeffern**, mit **Zitronensaft** würzen und das Ganze zugedeckt dünsten, bis das Gemüse weich ist. Die Kräuterstiele entfernen, das Relish in heiß ausgespülte Gläser geben und verschließen. Hält im Kühlschrank ca. 10 Tage.

Rotwein-Rosmarin-Gelee

6 à 250 ml:

500 ml Rotwein
500 ml Apfelsaft
1 kg Gelierzucker (1:1)
4–6 Rosmarinzweige
4–6 Salbeiblätter

Rotwein mit **Apfelsaft** und **Gelierzucker** vermischen. In einem Topf zum Kochen bringen und bis zur Gelierprobe kochen. In jedes Glas einen **Rosmarinzweig** und ein **Salbeiblatt** geben. Mit heißem Gelee auffüllen und sofort verschließen.

Schmeckt wunderbar zu Wild, aber auch zu anderen Fleischgerichten. Auch ist es ein besonderes Geschenk aus der Küche.

August bis November

Pflaumen-Chutney

4 à 500 ml:

1½ kg Pflaumen
1 Stück frischer Ingwer (ca. 3 cm)
4 Knoblauchzehen
200 g Zwiebeln
250 g brauner Zucker
150 ml Balsamicoessig
4 Lorbeerblätter
8 Gewürznelken
1 Zimtstange
4 Wacholderbeeren
4 Zweige Majoran

Die **Pflaumen** abspülen, mit einem Küchentuch trocken tupfen, entsteinen und klein schneiden. Entsteint nochmals wiegen, es sollten mindestens 1 ½ Kilogramm sein. **Ingwer** und **Knoblauch** schälen und hacken. **Zwiebeln** abziehen und würfeln. Alles zusammen mit dem **Zucker** in einen Topf geben und leicht karamellisieren lassen.
Pflaumen, **Essig**, Ingwer, Knoblauch, **Lorbeerblätter**, **Nelken**, **Zimt**, **Wacholderbeeren** und **Majoran** dazugeben. Unter gelegentlichem Rühren bei kleiner Hitze etwa 30 Minuten kochen. Das kochend heiße Pflaumen-Chutney in die vorbereiteten Gläser füllen, sofort verschließen und auf dem Deckel stehend auf einem Küchentuch abkühlen lassen.
Schmeckt hervorragend zu Käse und gegrilltem Fleisch.

Birnen-Cranberry-Chutney

2 à 250 ml:

2 Zwiebeln
1 Knoblauchzehe
3 Bio-Zitronen
50 g brauner Zucker
5 grüne Kardamomkapseln
6 Gewürznelken
4 Birnen (ca. 600 g)
70 g getrocknete Cranberrys
Salz
flüssiger Süßstoff nach Belieben

Twist-Off-Gläser mit kochendem Wasser ausspülen und kopfüber auf einem Küchentuch abtropfen lassen.

Zwiebeln schälen, halbieren und in Spalten schneiden. **Knoblauch** schälen und in Scheiben schneiden.

Zitronen heiß abwaschen und trocken reiben. Die Hälfte der Schale mit einem Sparschäler dünn abschälen und anschließend quer in feine Streifen schneiden. Dann die Zitronen halbieren und den Saft auspressen.

100 ml Zitronensaft mit **Zitronenschale**, **Zucker**, **Kardamom**, **Nelken**, Zwiebeln und Knoblauch aufkochen. Bei kleiner Hitze 20 Minuten zugedeckt kochen, dabei gelegentlich umrühren.

Inzwischen die **Birnen** waschen, schälen, vierteln, entkernen und in etwa 2 cm große Stücke schneiden. **Cranberrys** und Birnen nach 20 Minuten zu den Zwiebeln geben, alles erneut aufkochen und bei mittlerer Hitze etwa 8 Minuten offen kochen.

Chutney mit **Salz** und eventuell etwas **Süßstoff** abschmecken. Sofort in die vorbereiteten Gläser füllen, verschließen und kopfüber 5 Minuten stehen lassen. Gläser wieder umdrehen und das Chutney abkühlen lassen. Das Chutney hält sich gut verschlossen und kühl gelagert etwa 2 Monate.

Hier kommen reichlich Vitamine ins Glas, aber kaum Kalorien und überhaupt kein Fett. Die Cranberrys bringen nicht nur Farbe, sondern steuern jede Menge Antioxidantien bei, die unsere Körperzellen gegen schädliche freie Radikale schützen.

Bohnen-Lavendel-Creme

3 à 200 ml:

½ Bio-Zitrone
Saft von ½ Orange
1 TL frische Rosmarinnadeln
300 g gekochte weiße Bohnen
6 EL Olivenöl
2 TL getrocknete Lavendelblüten
1 Knoblauchzehe
Meersalz
schwarzer Pfeffer aus der Mühle

Die **Zitrone** heiß waschen, trocknen und die Schale fein abreiben. Zitrone und **Orange** auspressen. Die **Rosmarinnadeln** fein hacken.
Die **Bohnen** mit **Zitronenschale**, **Zitronen-** und **Orangensaft**, Rosmarin, **Öl**, **Lavendel** und **Knoblauch** in ein hohes Gefäß geben und alles mit dem Pürierstab fein mixen. Mit **Salz** und **Pfeffer** abschmecken. Die Creme in Gläser füllen und im Kühlschrank aufbewahren. Sie ist ca. eine Woche haltbar.

Hinweis: Die schmackhafte, ungewöhnliche Creme schmeckt köstlich zu gegrilltem Fisch, Lammgerichten oder als Aufstrich auf geröstetem Bauernbrot.

Holunderbeer-Zwiebel-Chutney

2 à 300 ml:

500 g Holunderbeeren
4 Zwiebeln
125 ml Apfelessig
100 ml Wasser
1 EL Senfkörner
80 g brauner Zucker
einige Rosmarin- und Thymianzweige
Salz
Cayennepfeffer

Die **Beeren** waschen, gut abtropfen lassen und abstreifen. Die **Zwiebeln** schälen und würfeln. Den **Essig** mit 100 ml **Wasser**, den **Senfkörnern** und dem **Zucker** aufkochen. Etwa 10 Minuten leise köcheln lassen. Anschließend die Zwiebeln, die **Kräuter** und die **Holunderbeeren** zum Sud geben und unter gelegentlichem Rühren weitere 10 bis 15 Minuten einköcheln lassen. Mit **Salz** und **Cayennepfeffer** abschmecken. Die Kräuterstängel entfernen. Das heiße Chutney in vorbereitete Twist-Off-Gläser füllen, sofort verschließen und kopfüber auskühlen lassen.

Scharfe Kürbiscreme

3 à 400 ml:

1 Hokkaido-Kürbis (ca. 1 kg)
1 Stück frischer Ingwer (ca. 2–3 cm)
2 rote Chilischoten
1 Knoblauchzehe
150 g getrocknete Cranberrys
100 ml Apfelessig
150 ml Orangensaft
1 TL Salz
2 EL brauner Zucker
100 g grob gehackte Nüsse (z.B. Cashew, Mandeln, Paranuss)
100 g Gelierzucker (3:1)

Die Schraubgläser in sehr heißem Wasser ausspülen und auf einem Geschirrtuch abtropfen lassen.
Den **Kürbis** halbieren, entkernen, schälen und in gleichmäßige Würfel schneiden. Den **Ingwer** und die **Knoblauchzehe** schälen und sehr fein würfeln. Die **Chilis** waschen, halbieren, entkernen und fein hacken. Die **Cranberrys** grob hacken. In einem Topf den **Apfelessig** mit dem **Orangensaft** aufkochen lassen, die Kürbiswürfel, den Ingwer, die Chilis und die Cranberrys zugeben und mit **Salz** und **Zucker** würzen. Das Ganze ca. 30 Minuten bei kleiner Hitze im offenen Topf kochen lassen, dabei nach 15 Minuten die **Nüsse** zugeben. Nach insgesamt 25 Minuten Kochzeit den **Gelierzucker** zugeben und alles weitere 5 Minuten sprudelnd kochen lassen, bis der Kürbis gut weich ist. Die Schraubgläser umdrehen, die Kürbismasse in die Gläser füllen, den Rand säubern und die Gläser sofort verschließen. Jedes Glas nach dem Verschließen für etwa 5 Minuten auf den Deckel stellen, damit ein Vakuum entstehen kann. Nach ca. 5 Minuten können die Gläser wieder umgedreht werden.

Kürbis-BBQ-Sauce

5 à 250 ml:

1 kg Kürbisfleisch
3 EL Tomatenmark
3 Knoblauchzehen
5 Chilischoten
1 TL Kreuzkümmel
3 EL Olivenöl
schwarzer Pfeffer
Salz
250 ml Orangensaft
350 g Zucker

Kürbisfleisch klein schneiden, salzen und weich kochen. Aus **Tomatenmark**, **Knoblauch**, **Chilischoten**, **Kreuzkümmel** und **Olivenöl** eine Paste herstellen. Gekochten Kürbis fein pürieren, mit der Würzpaste, **Salz** und **Pfeffer** würzen, **Orangensaft** und **Zucker** hinzugeben und langsam aufkochen. Ca. 30 Minuten leicht köcheln lassen.
In saubere Gläser füllen und fest verschrauben. Nach dem Abkühlen kühl lagern.
Hält ca. 4 Wochen und schmeckt wunderbar zu Kurzgebratenem.

Tipp: Die Knoblauch- und Chilimenge kann dem eigenen Geschmack angepasst werden, hier geht Probieren vor Rezept.

Apfel-Salbei-Chutney

8 à 250 ml:

1 kg Äpfel
500 g Zwiebeln
300 ml Apfelessig
2 EL Honig
1 Zimtstange
1 Handvoll frische Salbeiblätter
400 g Zucker
1 TL Salz

Zuerst die **Äpfel** schälen, entkernen und in kleine Würfel schneiden und in einen großen Topf geben. 300 g **Zucker** und **Salz** zugeben, alles gut verrühren. Das Ganze etwa eine Stunde stehen lassen, bis sich relativ viel Flüssigkeit gebildet hat.
Die **Zwiebeln** schälen und in kleine Würfel schneiden. Zusammen mit dem restlichen Zucker in eine Pfanne geben und karamellisieren. Die **Salbeiblätter** in dünne Streifen schneiden und mit den restlichen Zutaten zu den Äpfeln geben, aufkochen lassen. Auf niedriger Stufe so lange einköcheln, bis keine Flüssigkeit mehr vorhanden ist. Kann bis zu anderthalb, zwei Stunden dauern, aber die Geduld lohnt sich. Das Chutney in ausgekochte Schraubgläser füllen und gut verschließen.

Tipp: Schmeckt auch toll mit Thymian oder Rosmarin statt Salbei.

Apfel-Cranberry-Gelee

3 à 500 ml:

500 g Cranberrys (auch TK-Produkt)
900 ml Apfelsaft
1 Zimtstange
350 g Zucker
2 Beutel Gelierpulver (3:1)

Die **Cranberrys** mit **Apfelsaft** und **Zimtstange** zugedeckt bei milder Hitze 10 Minuten kochen (Tiefkühl-Cranberrys vorher nicht auftauen), abkühlen lassen und durch ein feines Sieb gießen. **Zucker** und **Gelierpulver** in einem Topf mischen. Saftmischung zugeben, unter Rühren mit einem Holzlöffel aufkochen und 3 Minuten sprudelnd kochen lassen. Das Gelee abschäumen und die Gelierprobe machen. Wenn diese positiv ausfällt, Gelee in saubere Twist-Off-Gläser füllen, sofort verschließen und gestürzt abkühlen lassen.

Whisky-Zwiebel-Chutney

4 à 250 ml:

500 g rote Zwiebeln
80 g Butter
50 ml Sherryessig
150 ml Rotweinessig
30 ml Grenadine
50 g Zucker
1 TL Koriandersaat
100 ml Whisky
1 EL frischer Majoran
Salz, Pfeffer

Die **Zwiebeln** grob würfeln und bei kleiner Hitze in der **Butter** 30 Minuten dünsten. **Sherry-** und **Rotweinessig**, **Grenadine**, **Zucker** und **Koriandersaat** hinzugeben und ca. 50 bis 60 Minuten einköcheln lassen. 20 Minuten vor Ende der Kochzeit den **Whisky** und den grob gehackten **Majoran** hinzufügen. **Salzen**, **pfeffern** und abkühlen lassen. In Gläser füllen.

Vogelbeer-Relish

4 à 300 ml:

300 g Hokkaido-Kürbisfleisch
1 große Zwiebel
1–2 Äpfel (ca. 150 g)
200 g Vogelbeeren
1 Stück frischer Ingwer (ca. 1–2 cm)
1 rote Chilischote
1–2 Gewürznelken
3 Zimtblüten
1 TL Salz
100 g brauner Zucker
200 ml weißer Balsamicoessig

Kürbis schälen, Kerne auskratzen und Fruchtfleisch grob würfeln. **Zwiebel** und **Äpfel** ebenfalls schälen und in feine Würfel schneiden. **Vogelbeeren** abzupfen und gründlich waschen. **Ingwer** schälen und reiben oder in feine Stifte schneiden. **Chilischote** teilen, Kerne entfernen und in feine Streifen schneiden. Alle Zutaten mit den **Gewürzen** unter ständigem Rühren zum Kochen bringen, etwa 40 Minuten leise köcheln lassen, bis die Masse eine marmeladenähnliche Konsistenz hat. Sofort heiß in Twist-Off-Gläser geben, verschließen und auf dem Kopf stehend abkühlen lassen.
Bis zum Verzehr im Kühlschrank aufbewahren.

Vogelbeeren in Sirup

4 à 250 ml:

1 kg Vogelbeeren
600–900 g Gelierzucker (1:1)
500 ml Wasser

Vogelbeeren waschen und von den Dolden zupfen. **Zucker** und **Wasser** aufkochen, die Vogelbeeren portionsweise darin weichkochen lassen und in Gläser füllen. Die Zuckerlösung noch etwas einkochen lassen, über die Früchte füllen und verschließen.

Chili-Koriander-Sauce

1 à 200 ml:

75 g grüne Chili
1 mittelgroße Zwiebel
8–10 Knoblauchzehen
1 Stück frischer Ingwer (ca. 7 cm)
125 ml Olivenöl
75 ml Balsamico-Essig
125 ml Weinessig
Salz
50 g Zucker
2 Bund frischer Koriander

Chilis putzen, waschen und halbieren, den Stielansatz und die Kerne entfernen. **Zwiebel** und **Knoblauch** schälen und fein hacken. **Ingwer** schälen und reiben.
Etwas **Olivenöl** in einem Topf erhitzen, Zwiebel, Knoblauch und Ingwer darin andünsten, bis die Zwiebel glasig ist. Darauf achten, dass der Knoblauch nicht dunkel wird, er schmeckt dann bitter. Die Chilihälften zugeben und mit **Balsamico-** und **Weinessig** ablöschen. Den **Zucker** zugeben und alles gut verrühren. Mit **Salz** abschmecken. Unter Rühren auf die Hälfte reduzieren. Das restliche Olivenöl aufgießen, aufkochen lassen und vom Herd nehmen. Fein pürieren.
Koriander waschen, trocken schütteln und ebenfalls fein pürieren (die Blättchen müssen nicht extra abgezupft werden). Das Kräuterpüree zur Sauce geben und gut unterrühren.
Gut verschlossen und kühl aufbewahrt hält sich die Sauce bis zu 3 Monate.

Balsamico-Salz

50 ml Balsamico
3 EL Meersalz

Den **Essig** bis auf 3 Esslöffel einkochen. Das **Meersalz** auf Backpapier streuen und mit dem Essig beträufeln. Bei 130 °C im Umluftofen ca. 30 Minuten trocknen. Ab und zu mit einer Gabel mischen. Bei offener Ofentür austrocknen lassen. In passende Salzstreuer bzw. Gewürzgläser füllen. Der perfekte Begleiter für Tomate-Mozarella.

Basilikum-Parmesan-Salz

3 EL fein geriebener Parmesan
250 g grobes Meersalz
20 g getrocknetes Basilikum

Den **Parmesan** auf ein mit Backpapier ausgelegtes Backblech geben und bei 50 °C im Backofen trocknen. Hin und wieder durchrühren. Wenn der Parmesan gut durchgetrocknet ist, in eine Schüssel füllen und auskühlen lassen. Das **Salz** und das **Basilikum** zugeben und alles gut durchmischen. In ein luftdichtes Glas abfüllen.

Tipp: Wer das Salz feiner haben möchte, gibt Salz, Parmesan und Basilikum vermischt in eine Gewürzmühle und mahlt die Mischung bis zur gewünschten Konsistenz. Das Salz schmeckt gut zu Hähnchen und Fisch, passt aber auch zu Nudel- und Reisgerichten.

Himbeersalz

100 g frische Himbeeren (ersatzweise TK)
200 g grobes Meersalz

Die **Himbeeren** (gefrorene vorher auftauen) durch ein Sieb streichen. Mit dem **Salz** vermischen und auf einem mit Backpapier belegten Backblech ausbreiten. Bei 80 °C 1 bis 2 Stunden trocknen, dabei ab und zu mit einer Gabel auflockern. In passende Gewürzgläser füllen.
Das Salz gibt Geflügel, Salaten, Desserts oder Gebäck einen echten Aromakick.

Kandierter Ingwer

1 à 200 ml:

1 mittelgroße frische Ingwerwurzel (ca. 100 g)
100 g Zucker
100 ml Wasser

Den **Ingwer** schälen und in mundgerechte Stifte oder Würfel schneiden. Das **Wasser** mit dem Ingwer aufkochen und ca. 20 Minuten köcheln lassen. Der Ingwer sollte noch Biss haben. Nun den **Zucker** hinzufügen und auflösen. Alles auskühlen lassen.
An zwei aufeinanderfolgenden Tagen den Sud mit dem Ingwer jeweils 20 Minuten köcheln und auskühlen lassen. Am dritten Tag den Sud köcheln lassen, bis der Ingwer glasig und der Sud sirupartig wird. Den Ingwer aus dem Sirup fischen und auf einem Gitter abtropfen lassen.
In ein gut schließendes Schraubglas geben. Er hält, sofern er nicht vorher weggenascht wird, kühl und dunkel gelagert ca. 6 Monate.

Tipp: Sozusagen als Nebenprodukt entsteht gleich noch Ingwersirup. Den anfallenden Sirup entweder kochend heiß in Flaschen füllen (Haltbarkeit ca. 6 Monate) oder mit dem Saft von 3 Orangen und etwas Zitronensaft auffüllen. Nochmals sirupartig einkochen (eventuell etwas Zucker zugeben, aber das ist Geschmacksache). Noch kochend heiß in Flaschen füllen (Haltbarkeit ca. 6 Monate).

Soll der Sirup glasklar werden, ihn vor dem Abfüllen durch ein sauberes Geschirrtuch seihen. Nochmals kurz aufkochen und anschließend abfüllen. Der Sirup schmeckt wunderbar in eiskaltem Sprudel oder Sekt!

Maronen in Sirup

3 à 200 ml:

500 g Maronen (Esskastanien)
1 l Wasser
300 g Einmachzucker
1 Vanilleschote

Die **Maronen** etwa 5 Minuten in kochendes **Wasser** legen, dann die Haut ablösen.
Danach 1 Liter Wasser zum Kochen bringen, die Maronen hineingeben und 20 Minuten kochen lassen. In ein Sieb geben.
Das Wasser mit dem **Zucker** und aufgeschnittener **Vanilleschote** zu Sirup einkochen.
Dann die Kastanien hineinlegen und 30 Minuten bei milder Hitze ziehen lassen. In Gläser füllen und verschließen.

Heidelbeer-Salsa

2 à 250 ml:

450 g Heidelbeeren
1 Bio-Limette
1 Stück frischer Ingwer (ca. 3 cm)
75 ml Apfelsaft
175 g Gelierzucker (3:1)
½ rote Chilischote

Beeren verlesen, waschen, abtropfen lassen. **Limette** heiß waschen, trocken reiben und die Schale abreiben. Danach Limette halbieren und Saft auspressen. **Ingwer** schälen und fein reiben.
Etwa die Hälfte der Heidelbeeren mit Limetten- und **Apfelsaft** sowie Limettenschale pürieren. Den Ingwer, **Gelierzucker** und die restlichen Beeren untermischen und mindestens 2 Stunden ziehen lassen.
Chili putzen, entkernen und grob hacken. Zur Fruchtmischung geben und alles unter Rühren aufkochen. Etwa 4 Minuten sprudelnd kochen. Gelierprobe machen.
Salsa noch heiß in vorbereitete Twist-Off-Gläser füllen, sofort fest verschrauben. Auf dem Deckel stehend auskühlen lassen.
Kühl und dunkel gelagert hält sich die Salsa mindestens 6 Monate.
Sie schmeckt nicht nur zu Käse, sondern auch zu Geflügel, Blinis und Crêpes.

Knackig frisch ins Glas

Saisonkalender

Obst	JAN	FEB	MÄR	APR	MAI	JUN	JUL	AUG	SEP	OKT	NOV	DEZ
Äpfel	○	○	○	○	○			●	●	●	○	○
Aprikosen							●	●				
Birnen	○							●	●	○	○	○
Brombeeren								●	●	●		
Erdbeeren					◉	●	●	●	●	◉		
Heidelbeeren							●	●				
Himbeeren						◉	●	●				
Holunderbeeren								●	●			
Johannisbeeren						●	●	●				
Kirschen (süß + sauer)						○	●	●				
Pfirsiche							●	●				
Pflaumen								●	●			
Preiselbeeren								●	●	●		
Quitten										●	●	
Stachelbeeren							●	●	●			
Weintrauben								●	●	●		
Wildbeeren/ -früchte								●	●	●		

Freiland ● *geschützter Anbau* ◉ *Lager* ○

Dass Erdbeeren zur Weihnachtszeit zwar dekorativ sind, aber keinen Geschmack haben, wissen inzwischen die meisten. Obst und Gemüse schmecken eben frisch geerntet am besten. Dabei ist es gleichgültig, ob man im eigenen Garten zur Tat schreitet oder auf dem Markt fündig wird. Es kommt nur auf die richtige Zeit an. Und natürlich auf einwandfreie Qualität.

Gemüse	JAN	FEB	MÄR	APR	MAI	JUN	JUL	AUG	SEP	OKT	NOV	DEZ
Blumenkohl				◉	●	●	●	●	●	●	●	
Bohnen							●	●	●	●		
Brokkoli					●	●	●	●	●	●	●	
Fenchel						●	●	●	●	●	●	
Frühlingszwiebeln				◉	●	●	●	●	●	●	●	
Gurken (Einleger)						●	●	●	●			
Knollensellerie	○	○	○	○	○	○	●	●	●	●	●	○
Kohlrabi					◉	●	●	●	●	●		
Kürbis	○	○	○						●	●	●	
Lauch (Porree)	○	○	○	●	●	●	●	●	●	●	●	●
Möhren	○	○	○	○	○	○	●	●	●	●	●	○
Paprika	○	○	○	○	○	○	○	●	●	●	○	○
(Wald)Pilze								●	●	●		
Radieschen				◉	●	●	●	●	●	●	●	
Rhabarber			◉	●	●	●	●					
Rote Bete	○	○	○	○	○	●	●	●	●	●	●	○
Tomaten				◉	◉	●	●	●	●			
Zucchini						◉	●	●	●	●		
Zwiebeln	○	○	○	○	○	◉	●	●	●	●	○	○

Rezeptverzeichnis